北川達夫＋髙木展郎

フィンランド
×
日本の教育は

明日の
教育への
道しるべ

どこへ
向かうのか

三省堂

◇装丁・本文レイアウト｜臼井弘志（公和図書デザイン室）
◇写真｜北川達夫・髙木展郎

カバー写真
表　ホテル ヴァークナ（ヘルシンキ）からの朝焼け
裏　黒板（ラハヌス基礎学校）

まえがき

　本書は，フィンランドの教育を先行事例として参照することにより，日本の教育の進むべき方向を考察するものである。

　いまさらフィンランドの教育？　疑問に思われる向きもあるかもしれない。日本では一時期「フィンランド教育ブーム」「フィンランド詣」といった現象があり，そのときに，フィンランドの教育については語りつくされた感があるからだ。

　しかし，外務省でフィンランドを専門領域としてきた筆者にとって，当時のフィンランド教育ブームで実感したのは，「日本人にとってフィンランドは遠い国である」ということだった。フィンランドの事情が知られていないために，その教育についても，さまざまな誤解や曲解を経て伝えられたからである。

　また，これはかつての筆者自身にもあてはまることなのだが，フィンランドの事情を知る者であっても，必ずしも教育の専門家ではないために，うまく伝えきれていないことが多々あった。例えば「学習指導要領」「資質・能力」「学習評価」などの用語や概念は，教育の専門家以外にとっては「遠い世界のことば」なのである。こういった用語や概念に通じていなければ，どれほどフィンランドの事情を知る者であっても，その教育について正確に伝えることは難しいだろう。

　本書は，新学習指導要領の審議にも深く携わってこられた髙木展郎先生を共著者に迎えることによって，以上の課題を克服するとともに，フィンランドの教育を参照することによって日本の教育の未来を見通すものになったと自負している。では，なぜフィンランドの教育を参照すると，日本の教育の未来が見通せるのか？——これについては，本書をじっくりと読んだうえで，考えていただけると幸甚である。

北川　達夫

目次

第3章 世界的潮流の中のフィンランドとその教育 73

第4章　フィンランドの教育の「いま」　　97

第5章 フィンランドの教育が語るもの
137

第6章 これからの時代に求められる資質・能力　181

第1章

フィンランドの教育の虚実

日本でこれまでに紹介されてきた，虚像としての「フィンランドの教育」を批判的に検証しつつ，資料と視察記録に基づいて実像を，制度の紹介をまじえながら提示する。

ワークブックでの分数の学習（ラハヌス基礎学校）

🔎印は，p.202「用語ミニ解説」に載っている用語

第1節

日本の学校教育への
フィンランドの教育の影響

1 日本における教育内容の変化

　フィンランドの教育が日本で脚光を浴び始めたのは，2000（平成12）年にOECD（経済協力開発機構）の🔎PISA（生徒の学習到達度調査，Programme for International Student Assessment）の結果がよかったためである。この時期のフィンランドの学校教育では，イギリスのトピック学習に似た総合学習が行われ，その教育内容に世界中の関心が集まっていた。

　同時期，日本においても新たな教育内容の模索が始まっている。日本における「総合的な学習の時間」の導入は，1998（平成10）年告示の学習指導要領からである。この総合的な学習の時間の導入は，1989（平成元）年告示の学習指導要領において，「生活」科が小学校の1・2年生に定位し，そこでの学習成果が，それまでの教科の学習の枠を超えた学びとして認められたからでもある。

　小学校における生活科の学習では，それまでの教科のみの内容ではなく，各教科の学習内容を横断したり超えたりする内容の学習が行われ，教科での学習の枠を超えた学習を行おうとした。そこでの生活科の目標は，次のように示されている。

　　具体的な活動や体験を通して，自分と身近な社会や自然とのかかわりに関心をもち，自分自身や自分の生活について考えさせるとともに，その過程において生活上必要な習慣や技能を身に付けさせ，自立への基礎を養う。

　生活科が対象とする学年は，小学校 1 年生（年間指導時数 102 時間）と 2 年生（年間指導時数 105 時間）で，それまで行われていた社会科と理科の授業時間に変えて行われることとなった。

　生活科の授業は「何を・どのように」行うかという教科としての内容とその取り扱いについての大枠は学習指導要領に示されていたものの，当初，教科書も作成しない方向もあり，日々の授業を具体的にどのように行うかは，各学校に任されていた。そのような状況の中で，日本の小学校では，各学校や教師たちの研修と工夫によって，今日の生活科に継承されている授業内容と方法を確立してきた。

　1989（平成元）年告示の学習指導要領が全面実施され，生活科が，これまでの教科の学習の枠にとどまらず，子どもたちの自立に向け，その基礎が養われるという成果を見せ始めた。その成果を受け 1998（平成 10）年告示の学習指導要領で「総合的な学習の時間」が，小学校 3 年生から中学校 3 年生まで導入された。生活科が教科であるのに対して，この「総合的な学習の時間」は，学習指導要領上の区分としては教科外となっている。

　「総合的な学習の時間」に取り上げる内容は，小学校学習指導要領と中学校学習指導要領ともに，「第 1 章　総則」の「総合的な学習の時間の取扱い」に，以下のように示されている。

　1　総合的な学習の時間においては，各学校は，地域や学校，児童（生徒）の実態等に応じて，横断的・総合的な学習や児童（生徒）の興味・関心等に基づく学習など創意工夫を生かした教育活動を行うものとする。

　2　総合的な学習の時間においては，次のようなねらいをもって指導を行うものとする。

　（1）自ら課題を見付け，自ら学び，自ら考え，主体的に判断し，よりよく問題を解決する資質や能力を育てること。

　（2）学び方やものの考え方を身に付け，問題の解決や探究活動に

　　　　主体的，創造的に取り組む態度を育て，自己の生き方を考える
　　　　ことができるようにすること。
　　3　各学校においては，2に示すねらいを踏まえ，例えば国際理解，
　　情報，環境，福祉・健康などの横断的・総合的な課題，児童の興
　　味・関心に基づく課題，地域や学校の特色に応じた課題などにつ
　　いて，学校の実態に応じた学習活動を行うものとする。

　上記の内容は，1996（平成8）年に中央教育審議会答申に示された
『生きる力』の「確かな学力，豊かな人間性，健康・体力」にそったも
のとなっている。「確かな学力」とは，以下のように定義されている。

　　　基礎・基本を確実に身に付け，いかに社会が変化しようと，自分
　　で課題を見つけ，自ら学び，自ら考え，主体的に判断し，行動し，
　　よりよく問題を解決する資質や能力

　この『生きる力』として示されている資質・能力は，2008（平成
20）・2017（平成29）年告示の学習指導要領にも継続されている。
　1989（平成元）年告示の学習指導要領での生活科の導入を受け，
1998（平成10）年告示の学習指導要領での総合的な学習の時間によっ
て，教科の学習のみではなくこれからの時代に求められる資質・能力
の育成を図るということが，日本の学習指導要領においてこの時代か
ら導入されていたことは，注目に値する。
　生活科や総合的な学習の時間で育成しようとしている学力（資質・
能力）観は，世界の中でも時代を先取りしたものといえよう。そして，
それは情報社会（Society4.0）が求めている学力（資質・能力）観の先
取りをした教育の方向を，具体化しようとしたものでもある。日本の
学校教育は，時代が求める資質・能力の先を見通して，学習指導要領
にその内容を取り入れてきているといえる。

2　OECD の PISA が求める資質・能力

　OECD による PISA は，2000（平成 12）年に最初の本調査を実施し，以後 3 年ごとのサイクルで調査が行われ，今日まで実施されている。

　PISA は，多肢選択式の問題及び自らの解答を記述する問題から構成されており，実生活に関する状況を取り上げ，課題文・図表等をもとに解答を求めている。

　2000（平成 12）年の PISA では，**🔎読解リテラシー（読解力）**，数学的リテラシー，科学的リテラシーの 3 分野が調査され，その結果が，次ページの表のように公表された（**表 1, 2**）。

　この調査では，読解リテラシー，数学的リテラシー，科学的リテラシーそれぞれにおいて，フィンランドの成績がよいことが見て取れる。そこで，世界各国は，フィンランドの教育に注目したのである。

　日本の子どもたちは，2000（平成 12）年の PISA での読解リテラシー（読解力）において，多岐選択肢における正答率は高かったものの，記述問題において無答や記述していない状況が多くあり，そのことが問題となった。

　特に，読解リテラシーの順位に関しては，2000（平成 12）年調査では 8 位であったが，2003（平成 15）年調査では 14 位，2006（平成 18）年調査では 15 位と振るわず，このことによって，文部科学省の「全国学力・学習状況調査」（マス・メディアは，「学力テスト」としているが，その表現は不正確で，学力と学習状況の調査である）が，2007（平成 19）年から実施されるようになった（**図 1**，15 ページ）。

　「全国学力・学習状況調査」は，算数・数学と国語は毎年，理科は 2012（平成 24）年から 3 年に 1 回行われている。学力としての教科の基礎・基本となる知識を問う問題（A）と知識の活用力を問う問題（B）の 2 種類に分かれ，それぞれについて調査が行われてきた。そして，2019（平成 31）年からは英語も加わり，A 問題と B 問題とが統合され一つになり出題されている。また，学力を問う問題だけでなく，児童生

徒の学習・生活環境のアンケート調査も，併せて継続して行われている。

　フィンランドの教育は，PISA の結果により，世界からの注目を浴びるようになった。また，日本においても，PISA による学力（資質・能力）の育成が，一つの指針となり，その後の学習指導要領改訂にも大きな影響を与えている。（髙木）

表1｜読解リテラシーの平均得点の国際比較（PISA2000）

	総合読解力		情報の取り出し		解釈		熟考・評価	
1	フィンランド	546	フィンランド	556	フィンランド	555	カナダ	542
2	カナダ	534	オーストラリア	536	カナダ	532	イギリス	539
3	ニュージーランド	529	ニュージーランド	535	オーストラリア	527	アイルランド	533
4	オーストラリア	528	カナダ	530	アイルランド	526	フィンランド	533
5	アイルランド	527	韓国	530	ニュージーランド	526	日本	530
6	韓国	525	日本	526	韓国	525	ニュージーランド	529
7	イギリス	523	アイルランド	524	スウェーデン	522	オーストラリア	526
8	日本	522	イギリス	523	日本	518	韓国	526
9	スウェーデン	516	スウェーデン	516	アイスランド	514	オーストリア	512
10	オーストリア	507	フランス	515	イギリス	514	スウェーデン	510

▶「2000 年調査国際結果の要約」（文部科学省）より

表2｜数学的リテラシー及び科学的リテラシーの平均得点の国際比較（PISA2000）

	数学的リテラシー		科学的リテラシー	
1	日本	557	韓国	552
2	韓国	547	日本	550
3	ニュージーランド	537	フィンランド	538
4	フィンランド	536	イギリス	532
5	オーストラリア	533	カナダ	529
6	カナダ	533	ニュージーランド	528
7	スイス	529	オーストラリア	528
8	イギリス	529	オーストリア	519
9	ベルギー	520	アイルランド	513
10	フランス	517	スウェーデン	512

▶「2000 年調査国際結果の要約」（文部科学省）より

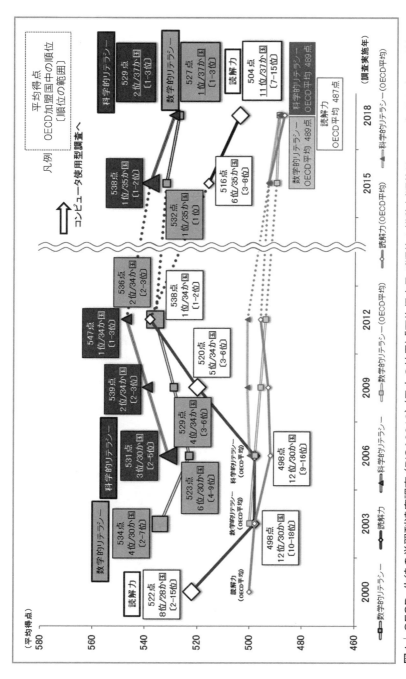

図 1 │ OECD 生徒の学習到達度調査（PISA2018）〈日本の結果〉「平均得点及び順位の推移」（順位は OECD 加盟国中の順位）

▲ 「OECD 生徒の学習到達度調査（PISA2018）のポイント」（文部科学省・国立教育政策研究所）より

なぜ, フィンランドは
PISAで成功したのか？

1 フィンランド詣

　フィンランドがOECDのPISAの初期段階で好成績をおさめたことにより，いわゆる「フィンランド詣」と呼ばれる現象が起こった。2006（平成18）〜2008（平成20）年あたりがピークだっただろうか。日本をはじめ，先進各国の研究者や教師が大挙してフィンランドを訪れ，学校を訪問したり，教育文化省や教育庁[*1]の担当者と面会したりして，その教育の秘密を探ろうとしたのである。

　当時のことについて，1980年代から🔍「**教育課程基準**」（日本の「学習指導要領」に相当）改訂に関わってきた，ピルヨ・シンコ教育庁専門官は，2014（平成26）年3月の筆者らとの会見において次のように述べている。

　いま思いかえすと，あれは嵐のような時期だった。私自身も，毎日のように各国の訪問団と面会し，フィンランドの教育の理念やシステムについて説明を繰り返さなければならなかった。しかし，フィンランドのPISAの成績があれほどよいとは，国内では誰も予想していなかったのである。PISAの好成績について，その時点では詳細な分析もなされていなかった。「なぜフィンランドはPISAの成績があれほどよかったのか？」と問われても，正直なところ「わからない」としか答えようがなかった。教育庁で各国の訪問団向けセミナーを開催すると，教員組合の主導でフィンランドの教師たちも参加したものである。たぶんフィンランドの教師たちも，知りた

かったのだろう——なぜ私たちの生徒は PISA の成績があれほどよかったのか？

　筆者自身も，2004 年初めあたりから，各国の訪問団に同行する機会が急増したが，「なぜフィンランドは PISA の成績があれほどよかったのか？」という質問に対し，フィンランド側が開口一番「わからない」と答えるケースにしばしば遭遇したものである。

2　フィンランド教育庁の見解

　とはいえ，2004 年夏以降，フィンランドが訪問団向けセミナーを積極的に開催するようになった頃から，教育文化省・教育庁といった公的機関から，学校の教師たちにいたるまで，ある種の「統一見解」が示されるようになった。
　統一見解の柱となったのは，「平等な教育」と「優秀な教師」である。

(1)　平等な教育

　「平等な教育」とは，第一に教育が無償であること。フィンランドの学校教育は無償であり，特に 9 年間の義務教育にあっては給食，教科書・教材，文房具，（通学可能な学校が遠方にある場合の）交通費も無償である。無償というよりも，むしろ「授業料を徴収してはならない」のであって，私立学校であっても無償なのである（ただしフィンランドの学校の大半は国公立であって，私立学校の数は 1% にも満たない）。

＊1　いずれもフィンランドの教育を管轄する官庁。教育文化省（Opetus- ja kulttuuri ministe-riö）が政策を決定し，その決定を教育庁（Opetushallitus）が執行する。後者の「教育庁」について日本では，その英訳名「National Board of Education」から「国家教育委員会」と翻訳されることが多かった。しかし，近年，後者の英訳名が「Finnish National Agency for Education」に変更されたこと，両者のフィンランド語名のニュアンスが「省」と「庁」の関係を示すものであることから，本書では「教育文化省」「教育庁」とする。

　第二に学校間の学力格差が小さいこと。フィンランド教育庁は，同国では都市部でも農村部でも「同じ教育」（『同じ』であるだけでなく，『質の高い教育』とつけ加えられることもある）を受けることができると説明している。これは，「平等な教育」とは，制度だけではなく，学習成果においても実現されるべきもの，との発想によるものであるという。フィンランドでは，毎年複数回，学力状況調査（抽出式）を実施することにより，教育の質が確保されているかどうか，学力格差が生じていないかどうかを調査することになっている。その結果を踏まえて，学校間，学級間，児童生徒間の学力格差を是正するために，補習制度や学習支援員制度などの充実が図られてきたという。PISAにおいてフィンランドの成績がよかったのは，成績上位層と下位層の得点差が小さく，それによって全体平均点が押し上げられたためだとされている。このことこそ，フィンランドが国をあげて学力格差の是正を図ってきた成果だというのである。

　教育の平等を実現するために，政府が教育に大きな予算を投入していることも強調された。当時，よく挙げられたのが，フィンランドにおける教育予算は「対GDP比6.1％」という数字である（OECDの2003年の統計による）。同年の日本における教育予算の対GDP比は4.8％であるから，確かに大きな予算を投入しているといえるのかもしれない。

　教育に大きな予算を投入することのできる背景として，フィンランド社会において教育は個人の責任ではなく，社会の責任と捉えられていることが挙げられた。「教育は未来への投資」といわれるが，それは決して個人の未来への個人投資ではなく，社会全体の未来への公共投資だというのである。

（2）●優秀な教師

　「優秀な教師」とは，フィンランド教育庁の説明によれば「教師はみな修士号取得者である」こととされる。1979年以降，フィンランド

で教師になるには，校種を問わず（幼稚園は除く），全て修士号取得が義務づけられることとなった。教師を目指す学生は教育実習をこなすだけではなく，修士論文を書かなければならないため，教育の「実践者」としてだけではなく，「研究者」としても養成されることになる。教師一人一人が実践者と研究者の側面を併せもっているからこそ，安心して広汎な裁量権を与えることができる。フィンランドの教師の最大の強みは，一人一人が自立した存在であることだ。例えば教科指導において，教科書はどれを使うか，そもそも教科書を使うかどうかも，個々の教師の裁量に任されている。要は，児童生徒を教育課程基準に示された目標に到達させればよいのであって，到達させる方法は自由なのである。この自立した教師たちが，自由に発想して授業づくりをすることが，フィンランドの良質な教育を支えている——というのである。

　「優秀な教師」と関連づけて必ず語られたのが，「フィンランド社会で教師は尊敬されている」「若者にとって教師は憧れの職業である」という，教師に対する社会意識である。そこからさらに進んで，「フィンランド人はみな教育を信頼している／教育に感謝している」と語られることもあった。

　「若者にとって教師は憧れの職業である」ことの証拠として，あるアンケートで女子の児童生徒の「将来なりたい仕事」の１位が教師だったこと（ちなみに２位は心理カウンセラー），大学の教員養成課程に進学希望者が殺到していることなどが挙げられた。教員養成課程の門は狭く，例えば2010年の統計によると，全国で合わせて800名の定員に対して，約6,500名の学生が入学試験を受検したという。

　以上が，フィンランドのPISAにおける成功に関する，「フィンランド詣」全盛の頃の，フィンランド教育庁の見解である。その頃にフィンランドに教育視察に行かれたかたであれば，おおむねこういった内容の説明を受けたはずだ。(北川)

「虚像」から見える
「実像」

1 知られざる国フィンランド

　フィンランド教育庁の見解について，細かい部分については批判的な検討を要するものの，政府の見解としてはおおむね妥当なものといえる。というのは，「平等な教育」にせよ，「優秀な教師」にせよ，フィンランドが 1960 年代末から進めてきた教育改革の中核的な目標である。それらの目標を 1990 年代までに達成したことが，フィンランドの PISA における成功の背景にある（らしい），と述べるにとどまるものだからだ。

　日本からフィンランドの教育の調査に出かけた訪問団は，この教育庁の見解を持ち帰り，学校訪問の経験や先生たちの談話なども加えて，報告書・書籍・講演などのかたちで発表した。ところが，今から 10 年以上前，「フィンランド詣」全盛の頃の日本では，情報の発信者にとっても，受信者にとっても，フィンランドは遠い国であった。情報に不適切な解釈が加えられて伝えられたり，時には情報が歪められて伝えられたり，情報を正確に伝えたにもかかわらず曲解されたりしたのである。しかも，全体として「フィンランドの教育はすごい」という前提で解釈がなされたため，やや実態とは異なる「教育の理想郷」像が描き出されてしまった。

　これは日本だけの現象ではなく，フィンランドに訪問団を送り込んだ，他の国々でも多少はみられた現象である。どこの国でも，フィンランドがよく知られていなかったことによるものだろう。また，フィンランド語という言語も大きな障壁となった。当時は英語の文献も少

なく，フィンランドの教育について詳細な情報を得るのは難しかった。また，授業を見学したところで，初等中等教育では，全てがフィンランド語（あるいは，もう一つの公用語であるスウェーデン語[*1]）で進行するため，「フィンランドの教育では教師も加わった協働学習が重視されている」といったところで，教師—児童生徒間や児童生徒間でどのようなやりとりがなされているのか，フィンランド語に習熟していないかぎり，雰囲気を感じ取る程度のことしかできなかったからである。

2 フィンランドの教育にまつわる「誤解」──そこから見える「実像」

ここでは，フィンランドの教育にまつわる代表的な「誤解」をとりあげ，そこから見える日本とフィンランドの違いを明らかにしていくことにしよう。

(1) ● フィンランドの教師はみな修士号取得者である

誤解のないようにいっておくが，「フィンランドの教師はみな修士号取得者である」ということ自体は事実である。しかし，日本とフィンランドの制度が違うために，そして，制度の違いの背景にある経緯が知られていないために，大きな誤解が生まれることになった。これについては，すでに何人もの論者が指摘していることではあるが，ここではもう少し詳しくみていくことにしたい。

[*1] フィンランドでは，フィンランド語とスウェーデン語が公用語であり，それぞれを母語とするフィンランド語系フィンランド人とスウェーデン語系フィンランド人が存在する。前者は人口の約90%，後者は約5.8%を占める（残り約4.2%は，準公用語であるサーミ語，ロシア語，エストニア語，ソマリア語，ロマ語などを母語とする人々である）。誕生時に，どちらを母語とするかを決定し，就学前・初等・中等教育は母語として選択した公用語で教育を受ける。選択しなかった公用語については，一般に前期中等教育において必修外国語として学習する。フィンランド語はウラル語族の言語，スウェーデン語は印欧語族の言語であって，互いに完全に「外国語」である。

フィンランド社会においてはもともと,「修士号取得者」というのは,日本でいうところの「大卒」という程度の意味でしかなかった。大学の基礎学位が修士だったからである。日本で学士の学位を得て大学を卒業するのが普通であるように,フィンランドでは修士の学位を得て大学を卒業するのが普通だったのだ。教職を目指す学生にのみ,わざわざ大学院に進学して修士の学位を取得するように義務づけているのではない。フィンランド社会においては,教師だけに特別に高い学位を求めているのではないのである。それにもかかわらず,「フィンランドの教師はみな修士号取得者である」という情報を,日本の状況にあてはめて解釈したために,日本では「フィンランドの教師はみな,わざわざ大学院に進学して修士の学位を取得するよう義務づけられている。だから優れているのだ。それに比べて日本は……」という論調が生まれてしまった。

ただ,この件については,1999 年にフィンランドが「ボローニャ・プロセス*2」に参加したために話が少々ややこしくなった。「フィンランド詣」が始まった 2000 年代中盤にはすでに,国際協定の枠組みにより,フィンランドでも学士で大学を卒業することが可能になっていたため,日本の状況にあてはめて考えやすくなってしまったのである。とはいえ,フィンランド社会においては,依然として「大卒」=「修士号取得者」であって(そのため学士で卒業する学生の割合は低い),修士の学位を得て大学を卒業するのが普通なのである。

ここで疑問が生まれる。

「フィンランドの教師はみな修士号取得者である」とは,要は「大卒でなければ教師になれなれない」ということであって,日本など先進国では珍しくないことであるにもかかわらず,なぜフィンランド教育庁はそのことをわざわざ喧伝するのか?

ここで知らなければならないのは,フィンランド教育庁が特に強調したいのは「初等教育の教師(日本でいえば小学校の教師)もみな修士号取得者である」ということ。フィンランドでは旧制度の時代(1960

年代以前）から，中等教育以上の教師は大学レベルの教育を受けているのが当然であったため，わざわざ言及するまでもないのである。

　では，旧制度において，初等教育の教師には，どのような資格が求められていたのか？

　1970年代初めまで，フィンランドの初等教育の教師には，いわゆる学歴要件はなかった。旧制度の義務教育（6年間）を終えた者，日本でいえば小学校を卒業した者であっても，5年間の教員養成講座（opettajaseminaari）を受ければ，初等教育の教師になることができたのである。中等教育以上を受けた者であれば，養成期間を短縮することができた。日本の旧制度の師範学校に類似した教育機関である。教員養成講座は，1863年から1952年までに全国10か所に設置され，1970年代初めまで教員養成機関として機能した。

　1960年代末に始まった，大規模な教育改革の一環として，1971年より初等教育の教師資格も「大卒」に引き上げられることになった。ただし，この時点では「初等教育の教師が研究肌になると，かえって指導のレベルが落ちる」といった議論がなされたため，取得が義務づけられた学位は学士にとどまった。だが，同時に高等教育の改革も進み，基礎学位が修士とされ，大学の教員養成課程についても学士の学位が廃止されることが決定された。結果として，1979年より，初等教育の教師であっても，「修士号取得者」であることが義務づけられることになったのである。

　フィンランド教育庁が「教師はみな修士号取得者である」と誇る背景には，以上のような経緯がある。教師の資格を全て「大卒」に引き上げたのであるから，改革の大きな成果といえるだろう。ただ，「教師はみな修士号取得者だから優秀である」というのは，すでにフィンランド内外の論者が指摘していることであるが，やや短絡的な見解な

＊2　欧州における，高等教育の学位認定についての国際協定。欧州全体の高等教育と学位の質を保証すると同時に，参加国のどこで学んでも共通の学位や資格を取得することのできる「欧州高等教育圏」の実現を目指したもの。

のではないか。現在では，教師が「研究者」と「実践者」の両面を併せ持つことが利点として挙げられているが，前にも述べたように，教育改革のプロセスにおいては「（初等教育の）教師が研究肌になると，かえって指導のレベルが落ちる」といった議論もなされていたのである。

(2) ● フィンランド社会では教師は尊敬されている／教師は憧れの職業である

　これについて，フィンランドの論者の見解は二つに割れている。

　教育庁と見解を共有する論者は，おおむね次のように説明している。天然資源に乏しいフィンランドにおいて，資源といえるのは「木材と人材」だけ。教育とは人材を育むものであり，きわめて重要である。フィンランドでは，教育も含め，さまざまな社会制度の普及が遅れたこともあり（これについては第 2 章で詳しく述べる），制度が普及した今，フィンランド国民は，そういった制度に感謝している。この感謝が，教師に対する尊敬の背景にある──。

　一方，1990 年代から 2000 年代初めにかけて，「教師の不満」が社会問題とされていたことを指摘する論者も少なくない。同時期に実施された調査により，教師たちが，仕事量，教育困難な児童生徒，低い給与，そして教師の社会的地位の低さに大きな不満を抱いていることが明らかになったというのである。教師が「社会的地位の低さ」に不満を抱いているとしたら，「フィンランド社会では教師は尊敬されている」とはいえまい。また，これらの不満の要因からして，「教師は憧れの職業」になりうるだろうか。

　折衷的な意見として，教育の普及が遅かったフィンランドでは，学校制度が整備された当初，読み書きができるのは牧師，医師，教師だけという地域も少なくなかった。その時代に教師が尊敬されていたのはまちがいない。しかし今はどうだろう？──というのである。

　ここで，この問題に関わる，フィンランドの教師の身分，採用，職務，給与について，簡単に紹介しよう。

フィンランドの教師の身分・採用・職務・給与

- フィンランドの学校はほとんどが自治体立（市立・郡立）であるため，ほとんどの教師の身分は地方公務員である。ただし，日本とは異なり，教師は自治体に採用されるのではなく，学校ごとに採用される。そのため，校長など管理職を除き，制度としての転勤はなく，新任から定年まで同じ学校に勤務する教師が多い。

- 教師の職務と給与は，国・自治体・教員組合の三者間で締結された労働協約に定められている。教師の職務のうち，授業や教材の準備，授業の実施，職員会議への出席，校務分掌，保護者対応は本務とされ，基本給のうちに含まれる。一方，補習，下校指導，特別活動の指導などは本務ではなく，超過勤務手当の対象となる。

- 給与は，労働協約に基づく俸給表に従って支給される。週当たりの最低授業時数が定められており，初等教育のクラス担任教師の場合は24コマ，中等教育の教科担任教師の場合は18〜24コマである（教科によって異なる）。1コマは45分（ただし，高校は70分。そのため高校教師の最低授業時数の設定は少々異なるが，計算の原理は同じである）。最低時間数を超える時間割が組まれた場合，増えたコマ数分の超過勤務手当が支払われる。

では，フィンランドの教師たちが「大きな不満を抱いている」という給与について，教員給与の国際比較をみてみよう（次ページの**図2**）。

フィンランドの教師の初任給に関しては，OECD平均よりも高いことがわかる。ところが，勤続15年になっても，最高給与であっても，初任給とあまり変わらない。フィンランドにも，勤務年数に応じた昇給はあるのだが，勤続2年目・5年目・13年目のときに基本給の2〜5%が上乗せされるというもの。また，賞与に関しても，勤続10年目・15年目・20年目のときに基本給の4〜6%が支給されるだけである。つまり，毎年昇給があるわけではなく，毎年賞与が支払われるわけでもない。

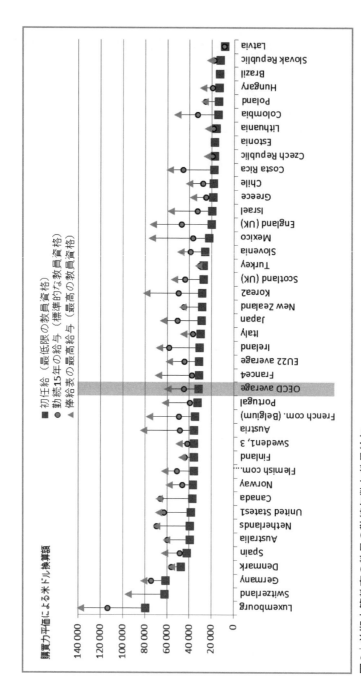

図2｜前期中等教育の教員の勤続年数と教員給与

▲「Education at a Glance 2016」（OECD）より

　ちなみに 2019 年度の俸給表によれば，例えば初等教育の教師の基本給は 2022,76〜2901,42 ユーロ/月（保有する資格などによって異なる）とされている。日本円だと，月額 24 万 8000 円〜35 万 5000 円ということになる（1 ユーロ＝123 円で計算）。ここから，国税 17.5 パーセト，地方税＋医療保険料＋教会税 22.48%，年金・失業・傷病手当保険料 6.89% が差し引かれる。消費税（フィンランドでは『付加価値税 VAT』と呼ばれる）は 25% である。

　OECD によると，フィンランドの平均年収は 42,963 米ドル（2017 年）で，これを単純に月割りにすると約 3,580 ドル，日本円で約 39 万 3828 円（1 ドル＝110 円で計算）なので，教師の基本給は国全体の平均給与よりも低い。実際には基本給に諸手当がつくのだが，一般に「手当がつけば，だいたい月額 3,000 ユーロを超える（日本円で約 36 万 9000 円）」というので，それでようやく平均給与に届く可能性もあるというところか。

　では，同じく「大きな不満を抱いている」という，「仕事量」についてはどうか？

　OECD が 2018（平成 30）年に実施した教員環境の国際比較（TALIS）によれば，中学校の教員の 1 週間の仕事時間は，調査対象 48 か国・地域の平均が 38.3 時間であるのに対し，フィンランドは 33.3 時間である。ちなみに日本は 56.0 時間で，調査対象国中で最長である（次ページの**表3**）。

　勤務日数について，フィンランドの学校年度は基礎教育法により 8 月 1 日から翌年の 7 月 31 日まで，教師の勤務日数は 189 日（38 週）と定められている。始業日と終了日は自治体ごとに決めることができるが，おおむね 8 月中旬に始業し，6 月上旬までには修了する。週の勤務日は月曜日から金曜日まで。自治体の決定により，土曜日も勤務日とすることが可能である（ただし，現在，土曜日を年間の勤務日とする例はほとんどない）。

　長期休業としては，約 2 か月半の夏休み，約 10 日間のクリスマス休み，10 月中旬〜11 月上旬に 1 週間の秋休み，2 月中旬〜3 月

上旬に1週間のスキー休みがある。長期休業中は，校長と事務長は一定日数の勤務を義務づけられているが，その他の教職員に出勤義務はない。当然のことながら，長期休業中も給与は支払われる。

表3│教員の仕事時間（中学校）の国際比較

1	日本	56.0	26	オランダ	36.4
2	カザフスタン	48.8	27	スロバキア	36.4
3	アメリカ	46.2	28	エストニア	35.7
4	ベトナム	46.0	29	台湾	35.7
5	シンガポール	45.7	30	メキシコ	35.6
6	ニュージーランド	45.5	31	リトアニア	35.4
7	オーストラリア	44.8	32	ベルギー	35.1
8	ロシア	42.6	33	ラトビア	35.1
9	スウェーデン	42.3	34	南アフリカ共和国	35.0
10	コロンビア	40.5	35	キプロス	34.3
11	ノルウェー	39.9	36	韓国	34.0
12	アラブ首長国連邦	39.7	37	ルーマニア	33.5
13	ポルトガル	39.6	38	フィンランド	33.3
14	スロベニア	39.5	39	イスラエル	32.6
15	クロアチア	39.4	40	トルコ	31.6
16	ハンガリー	39.1	41	イタリア	30.0
17	デンマーク	38.9	42	ブラジル	29.8
18	アイスランド	38.8	43	サウジアラビア	28.7
19	ブルガリア	38.6	44	ジョージア	25.3
20	チェコ	38.5	（地域として参加）		
21	チリ	38.1	アルバータ（カナダ）		47.0
22	フランス	37.3	フランドル（ベルギー）		37.1
23	オーストリア	37.2	ブエノスアイレス（アルゼンチン）		29.0
24	マルタ	36.7	イングランド（イギリス）		46.9
25	スペイン	36.7	上海（中国）		45.3
			参加国平均		38.3

▶「国際教員指導環境調査〈TALIS〉2018報告書」（OECD）をもとに作成

　こうしてみると，フィンランドの教師は，給与は平均よりも低めだが，夏休みは長く（フィンランドでは，どのような職種でも1か月程度の夏休みをとるのが一般的である），一週間の労働時間もさほど長くない（フィンランドの他の仕事と比べても，少なくとも時間的に長くはない）仕事ということになる。そして，これらの条件に，「教育に興味がある」「専門性がいかせる」「転勤がない」「定年までまちがいなく務められる」を加えると，フィンランドにおける一般的な「教師を志望する理由」になる。

(3) ● テストがない

　フィンランドの教育について，「フィンランド詣」華やかなりし頃，「日本の学校にはあるが，フィンランドの学校にはない」ものについての報告があい次いだ。その中には，入学式がない／運動会がない／掃除がない／部活動がない／教師の残業がほとんどない／塾がない／市販の参考書や問題集がない／模擬試験など民間テストがないなど，事実を伝えるものもあったが，事実を誤認したものや，まったくの勘違いによるものも少なくなかった。例えば，宿題がない（ある）／一斉授業がない（ある）／通知表がない（ある。ただ日本と同じく法的根拠はないので出さなくてもよい）／教科書がない（採択制度や使用義務がないだけ）／総合的な学習だけで教科はない（教科を総合的・横断的にやろうとしているだけ）／全国学力状況調査がない（抽出式のものがある。自治体レベルだと実質的に悉皆のものもある）／教員評価がない（国の制度としてはないが，7割以上の自治体が実施している）／学習指導要領がない（「教育課程基準」という，日本の学習指導要領に相当するものがある）など。日本からの視察団が訪問を重ねるにつれ，こういった事実誤認や勘違いは徐々にただされていった。

　そういった中で，「フィンランドにはテストがない」については，「フィンランド詣」全盛の頃から現在にいたるまで語りつがれ，一般書籍のみならず論文等にまで「事実」として引用されている。ところが，「テ

ストがない」と思ってフィンランドを訪問した人たちは，一様に首を
ひねることになる。実際に学校を訪問すると，しょっちゅうテストを
やっているし，黒板には「来週のテスト予定」が書いてあるし，テス
トの点数の悪かった児童生徒が別室で特訓を受けていたりするからだ。

　では，「フィンランドにはテストがない」とは，どういうことなのか？

　これについては，学習成果の評価に加え，児童生徒の進学にも関わ
ることなので，ここで簡単にフィンランドの学校制度について説明し
ておこう。

フィンランドの学校制度（図3）

- 義務教育は「基礎学校（peruskoulu）」で行われる。義務教育は9
年間で，就学年齢は7歳である。2015年度より，6歳から1年
間の就学前教育も義務化された（ただし，教育の義務が課された
だけなので，通学するのではなく，家庭内教育等で代替すること
も可能である）。就学前教育については，専用の教育機関は用意
されておらず，自治体の決定により基礎学校か幼児教育・保育機
関（lasten päiväkoti など）で行われる。

- 成績は「4」から「10」までの7段階評価である。教育課程基準に示
された到達目標を達成していれば「8」と評価される。ただし，基
礎学校3〜4年生くらいまでは，「到達目標以上を達成した（Tav-
oitteet saavutettu kiitettävästi）」・「到達目標を達成した（Tavoit-
teet saavutettu）」・「到達目標を一部達成した（Tavoitteet saa-
vutettu osittain）」などと，数字ではなく，2〜3段階の言葉で評
価するのが一般的である。ただし，何年生までそうするか，どの
ような言葉で評価するかは，自治体や学校によって異なる。6年
生まで数字による評価を行わないところもある。これをコメント
評価と解釈して，「教師が児童一人一人に対して，自分で考案し
たコメントを書く」と紹介している報告があったが，そのような
方法は（仮にあったとしても）例外的なものであり，自治体ごとに，
あるいは学校ごとに決められた言葉で評価するのが一般的であ

る。要するに，日本の小学校の通知表で，「よくできた」「できた」「もう少し」などと評価するのと同じことだ。

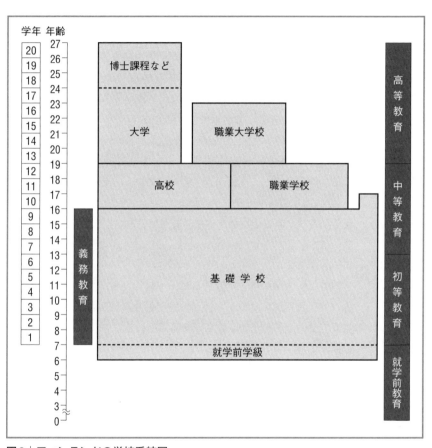

図3｜フィンランドの学校系統図

注 現在のフィンランドでは，義務教育は九年一貫の基礎学校で行われるとされているが，九年一貫になったのが1999年であるため，現時点では学校施設の整備が追いついておらず，旧来の小学校（ala-asteen koulu）で6年間，中学校（ylä-asteen koulu）で3年間の教育を受けるケースが多い。学校名についても，「〇〇基礎学校」に変更した学校もあるが，旧来のものを用いている学校も少なくない。

ただし，本書では，校種を明確にするため，基礎学校については学校名を「〇〇基礎学校」で統一し，実質的に小学校であれば「初等教育のみ」と，ただし書きをつけている。

- 義務教育終了後は,「高校 (lukio)」あるいは「職業学校 (ammat-tikoulu)」に進学する。高校に進学する場合, 一般に入学試験は実施されておらず, 義務教育 (7〜9年生) での全教科の評定平均で, 高校に進学できるかどうか, どの高校に進学できるかが決まる。そのため, 9年間の義務教育を終えたあと, 評定平均を上げるために「10年生」になることを選択することもできる。ただ, 最近では, 飛びぬけた才能を見いだしたいとの観点から入学試験を実施する高校や, 評定平均による選考と入学試験による選考のいずれかを受検者が選択できる高校も増えてきた。

- 高校と職業学校は, いずれも単位制で2年半〜4年で必要な単位を取得し,「高校修了資格認定試験 (ylioppilastutkinto)」あるいは「職業資格基礎試験 (ammatillinen perustutkinto)」に合格することによって修了となる。高校の進学率は約60%, 職業学校は約40%とされるが, 高校と職業学校の両方に同時に通うことも可能である。

- 高校卒業後, あるいは職業学校卒業後は,「大学 (yliopisto)」, あるいは「職業大学校 (ammattikorkeakoulu)」への進学が可能である。大学進学に関して, もともとは高校修了資格認定試験のあと, 学科ごとに入学試験を実施するのが一般的だったが, 最近では, 高校修了資格認定試験が大学入学希望者共通試験も兼ねるようになり, 受検者の約60%は高校修了資格認定試験の最終成績だけで大学に進学するようになった。

- 高校修了資格認定試験の最終成績も7段階で評価されるが, 数字ではなくラテン語で示されるのがフィンランドの教育の特徴である(高校修了資格認定試験委員会によると, ラテン語による評価を現在でも国レベルで実施しているのはフィンランドだけだという)。ラテン語による評価とは, 上から「laudatur (称賛すべき成績)」,「eximia cum laude approbatur (秀でた成績による合格)」,「magna cum laude approbatur (優れた成績による合格)」,「cum laude approbatur (よい成績による合格)」,「lubenter appro-batur (充分な成績による合格)」,「approbatur (合格)」,「impro-batur (不合格)」。最下位の「improbatur」は落第点である。

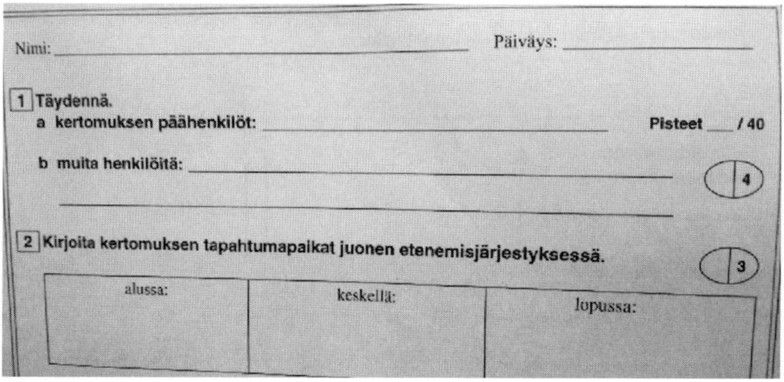

Nimi: ______ Päiväys: ______

1 Täydennä.
a kertomuksen päähenkilöt: ______ Pisteet ___ / 40

b muita henkilöitä: ______ 4

2 Kirjoita kertomuksen tapahtumapaikat juonen etenemisjärjestyksessä. 3

alussa:	keskellä:	lopussa:

図４｜単元確認テストの解答用紙

さて，本題に戻るが，フィンランドの学校にテストはあるのか，ないのか？

まず，単純にテストの有無についていえば，テストは存在する。教科書には，どの教科でも単元ごとに「単元確認テスト」が掲載されており，そのテストを単元の終わりに実施する教師が多い。また，学期の終わりには（一般に秋学期と春学期の二学期制度），基礎学校 4〜5 年生以上を対象に，テスト期間をもうけているところも多い。

「テストがない」について，「テストは児童生徒の発達の観点から実施することもあるが，序列化につながるので点数はつけない」といった説明がなされることもある。教育の専門家による報告や論文等に引用されているのは，おおむねこういった説明である。

この説明に関して，まず「点数をつけない」についていえば，これは事実ではない。上の写真（**図４**）は，基礎学校 4 年生の母語科（日本の国語科に相当）単元確認テストの解答用紙である。用紙の上辺に「Nimi（名前）」と「Päiväys（日付）」を書く欄があり，その右下に太字で「Pisteet（点数）/40」とあるが，これは点数を書きこむ欄である。40 点満点のテストということだ。その下の楕円形の右側に「4」と書かれているが，これは大問 1 の配点が 4 点ということを示していると，改めて説明するまでもなく，この解答用紙を見れば，おおよそ見当が

つくと思うが，要するに日本のテストと大して変わらないのである。単元確認テストは「児童生徒の理解を確認するためのもの」とされているが，これは日本でも同じことだろう。

　教師が児童生徒のテスト結果を記帳するとき，たとえば「（40点満点中）28点」というように素点を書きこむのではなく，素点に応じた「4」〜「10」の評定を書きこむのが一般的である。そのため，業者の作成するテストには，必ず「素点−評定対照表」が付されている。素点−評定対照表には，例えば38〜40点なら「10」，35〜37点なら「10−」（9.75を意味する），32〜34点なら「9½」，29〜31点なら「9＋」（9.25を意味する）……というように，素点に応じた評定が列記されているのである。

　もちろん，テストは教師が自作することも可能であり（といっても，業者の作成した素材を切り貼りして作る場合が多い），教師に素点−評定対照表をつくる義務はないが，素点と評定の対応には一定の原理があるため，なくて困るというほどのものでもない。

　テストの成績が「5」や落第点の「4」だった場合，教師は，その児童生徒に対して，対象となる単元の補習を受けることを勧める。補習は児童生徒の権利であって義務ではないため，あくまでも決定権は児童生徒の側にあるのが特徴的である。

　通知表は秋学期の終わり（クリスマス前）と春学期の終わり（夏休み前）に出されるのが一般的であるが，秋学期の終わりには各教科の中間成績，春学期の終わりには最終成績が記入される。これまでにも述べてきたとおり，成績は「4」〜「10」の7段階で示される。各教科の中間成績や最終成績については，単元確認テストの平均成績のほか，「さまざまな要素を勘案して決定される」という。要するに「成績はテストの点数だけで決まるものではない」ということだが，これは日本でも基本的には同じことだろう。

　前にも述べたが，フィンランドの高校の多くは入学試験ではなく，基礎学校の最終成績（7〜9年生の全教科評定平均）で選考するため，

　7年生になると一般に，目標とする高校のある場合は特に，テストで
しっかりと点数を稼いでいくようになる。高校ごとに，いわゆる足切
り点が設定されており，仮に最終成績が足切り点を超えていたとして
も，入学希望者が定員を上回った場合は最終成績の点数の高い順に
「合格」となるので，ちょっとでも最終成績の点数が高いほうが有利
なのである。「成績はテストの点数だけで決まるものではない」とは
いえ，教科学力である以上，テストの点数の占める割合は大きい。

　こういったテスト結果を中心とする総括的評価に加え，現在の
（2014年版教育課程基準のもとでの）フィンランドの学校では「🔍汎
用的な資質・能力」を見すえた形成的な評価も行われており，「児童生
徒の発達という観点」からすると，前者も重要だが，後者はさらに重
要とされている。「汎用的な資質・能力」を測るテストはなく，教師に
よる評価と，児童生徒による自己評価を，年に数回の教師─児童生徒
─保護者の「🔍評価面談（arviointikeskustelu）」を通じて統合してい
くのだが，これについては第2章第3節で詳しく紹介することにする。

　ここまでフィンランドの学校のテストと成績評価について簡単に説
明してきたが，制度の違いはあるものの，基本的な考え方としては日
本と変わらないのではないか。ただ，フィンランドには，日本のよう
な大規模な受験産業はないため，学校で全国模試を実施することもな
く，その全国順位や校内順位に一喜一憂することもなく，模試の結果
を踏まえた進路指導もない。そういった意味でのテストや序列づけが
ないのは確かである。

　フィンランドで大学に進学しようとする場合，高校修了資格認定試
験の結果で選考される場合と，大学の学科ごとに実施する入学試験の
結果で選考される場合があるが，いずれにしても点数（正確には点数
に基づく7段階の最終成績）だけが選考の規準となる。高校の成績が
加味されることはない。高校の成績の良しあしは学校や教師による部
分が大きく，公平性を確保するために点数だけを選考の規準とするの
だという。高校修了資格認定試験委員会によると，最近では高校の授

業でテスト対策を目的としたものが増加する傾向にあり，高校教育の目的から逸脱しているのではないかと問題になりつつあるとのことである。(北川)

余談 「フィンランド・メソッド」

　これについては，筆者である私に大きな責任がある。筆者は2005（平成17）年にフィンランドの国語教科書（正確には『母語科』の教科書）を翻訳出版するにあたり，教科書の著者代表であるメルヴィ・ヴァレ先生の指導法，すなわち論理的思考力など汎用的な能力を教科学力に関連づけて指導する方法をわかりやすく紹介するために，「フィンランド・メソッド入門」（経済界・2005）と題する書籍も併せて出版した。その結果，フィンランドには「フィンランド・メソッド」と称する統一的な方法が存在し，あらゆる教師が「フィンランド・メソッド」を実践しているとの誤解を生んでしまったのである（筆者が著書の中で，統一的方法なのだと主張したわけではないのだが……）。

　これまでに述べてきたように，フィンランドの教師はそれぞれが大きな裁量権をもち，独自の方法で教えているのであって（とはいえ，これまでの教科教育の積み重ねにより，ある程度の共有された方法はある），「フィンランド・メソッド」などという方法は存在しないし，そもそも「フィンランド・メソッド」という言葉すら存在しない。この経緯については，フィンランドの教育関係者の間でも知られており（おそらく「フィンランド・メソッド」について調査に出かけた方々がいたのだろう），前出のピルヨ・シンコ教育庁専門官（当時）から「あの本は『フィンランド・メソッド』ではなく，『（教科書の著者代表である）メルヴィ先生のメソッド』という題名にするべきだったね」と揶揄されたものである。この揶揄の中にも，教科書の指導書に示された指導法であっても，それはあくまでも教科書の著者のものであって，個々の教師は，それを参考にしながらも，独自の方法で教えるべき，という考え方が示されていて，興味深い。事情はどうであれ，フィンランドの教育について紹介する過程で大きな誤解を生んでしまったことについて，大いに反省している。(北川)

第 2 章

日本とフィンランドの
教育のこれまで

　日本の教育史を概観するとともに，フィンランドの教育史を紹介する。両国は，ごく最近まで全く異なる道を歩んできたが，1990 年代頃から，教育理念とその実現の方向性が急速に接近してきたさまを描く。

上は英語の教科書，下はそのワークブック（9 年生用）

第1節

日本の学校教育の
歴史概観

　日本の明治以降の近代学校教育と，これからの未来社会に向けた教育を大きく捉えると，以下の三期の転換点に分けることができる。

　第一期は，明治政府が日本全国に設置した学制であり，その確立と定位とを行うとともに富国強兵を図った時代であり，アジア・太平洋戦争の敗戦まで続いた。この期の学校教育の特徴は，欧米先進諸国の学校制度と内容とを模倣し取り入れようとしたものであり，学校制度の確立と近代教育で求める内容の移入が主となっていた。

　第二期は，アジア・太平洋戦争敗戦後の教育である。昭和30年代から40年代後半にかけての高度経済成長，さらに，GDPが世界第2位となり豊かな生活ができるようになった時代である。そのための進学を中心としたいわゆる受験戦争に象徴される知識習得型の学力観に基づく教育内容が主として行われてきた。この期の特徴は，「よい高校，よい大学への進学」という学力観の下，集団の中での序列をもとに進路を決定する偏差値を使用しての学習評価が行われていたことである。

　第三期は，工業化社会（Society 3.0）から情報化社会（Society 4.0）さらに未来社会（Society 5.0）へ向けて，教育の対象や内容そのものの再構築やパラダイムの転換を行う時期である。次代が求める資質・能力の育成を図る教育を進めようとしている今日と，これからの時代となる。

1　日本における近代教育の始まり（1872 年〜1945 年）

> **要点**
> - 近代学校教育の成立
> - 欧米先進諸国の教育の移入
> - 日本の近代学校制度の確立

　日本の近代教育の始まりは，1872（明治5）年の学制による。

　江戸時代には，藩校や寺子屋，私塾により教育が行われてきたが，国としての近代教育は，明治政府によって導入された。

　そこでは，「邑（むら）に不学の戸なく家に不学の人なからしめん事を期す」（明治五年八月三日文部省布達第十三・十四号）ことを目指した。小学校下等科の修業年限は4年で，その後小学校上等科があり，修業年限は4年であった。この学制は，フランスの学校制度にならい，大学区・中学区・小学区に分けられている。

　当初，小学校に通う子どもは，男子で約50%，女子は20%にも満たない状況であった。当時の学校の基本的な教科目は，「修身，読書，作文，習字，算術，体操」であった。

　1886（明治19）年に小学校令（第一次）により，尋常小学校（修業年限4年）と高等小学校（修業年限4年）が設置された。就学義務の学齢は6歳（尋常小学校入学時点）から14歳（高等小学校卒業時点）に至る8年で，尋常小学校修了までの4年以内を義務教育期間とした。

　その後小学校令は，第二次，第三次と改訂され，1907（明治40）年に，尋常小学校の修学年限が6年となった。この時期には，小学校への通学率がほぼ100%となっている。

　この間，学制以来検定教科書を使用してきたが，1902（明治35）年に教科書疑獄事件があったため，1903（明治36）年から，アジア・太平洋戦争敗戦の1945（昭和20）年まで，国定教科書が使用されるこ

とになった。国定教科書は，戦後には，民間の検定教科書に変わった。

　1941（昭和16）年に国民学校令が改正され，それまでの尋常小学校を国民学校初等科（修業年限６年），高等小学校を国民学校高等科（修業年限２年）とする名称変更をした。国民学校は，1945（昭和20）年のアジア・太平洋戦争の敗戦まで続いた。

　明治の学制から戦後教育までの学習評価は，教師の認定評価（教師の主観による評価）が主であり，小学校においては「甲・乙・丙」や「優・良・可」の三段階による評定が多く用いられていた。ただし，上級学年や上級学校になると期末考査等の試験においては，100点満点の点数による学習評価も行われていた。

② 戦後の学校教育が求めた学力観（1945年〜1977年）

> **要点**
>
> ● 学習指導要領の定位
> アメリカ合衆国のコース・オブ・スタディをもとに，初等中等教育の学習内容の基準の策定
> ● 相対評価（集団に準拠した評価）の導入
> 集団内での児童生徒の成績の序列化（平均点で位置を示す）

　アジア・太平洋戦争の敗戦後，焼け跡の中で校舎もなく，青空教室や二部授業（教室がたりず，午前・午後の二部に分けて行う授業）により，学校教育が再開した。これらは，戦後の日本経済の復興に大きく寄与した。それは，学校教育において義務教育段階での就学率がほぼ100％であり，いわゆる「読・書・算」の基礎的・基本的な学力を育成できてきたことが大きい。

　戦後の教育は，高度経済成長による，ある意味，貧しさからの脱出でもあり，より豊かな生活を目指したものでもあった。3Cといわれ

たカー・クーラー・カラーテレビは，庶民の憧れであり，それをいかに手に入れられるかが，問われた時代でもあった。そこで，よい高校に入り，よい大学に入り，終身雇用制度の中で一生涯，他の人たちよりもよい生活を行うために，受験勉強に励んだ時代でもある。

　その結果，一億総中流意識というような現象も起きている。学校教育における成績によって人の生涯が決まる競争社会であり，学校の成績によって進路が決まる時代であった。

　また，この序列をつけるための成績評価も，1948（昭和 23）年からの「成績を客観的につけることが公平である」とする考え方により，集団に準拠した評価（相対評価）を，指導要録（学籍簿）に取り入れた。この集団に準拠する評価では，5 は 7％，4 は 24％，3 は 38％，2 は 24％，1 は 7％ と評価の割合が決められている。この集団に準拠した評価は，戦前の評価に対して，数値によって客観的な評価となることにより，集団内での序列や順位をつけることによるわかりやすさから，今日まで，評定として一般的なものとして受け入れられている。平均点もまた，この集団に準拠した評価では，集団の中での成績の位置を知るために，表示されている。

　この成績によって進路選択をすることに関しては，塾も大きな役割を果たしてきた。いわゆる勉強ができることは，知識の習得量の多さとその習得した知識を再生する正確性であり，それを他者との比較において行う指標として偏差値を使用した。偏差値によって，同じ学年であれば，全国の中での序列がつくような，全国的な模擬試験も行われていた。

3　学力観の転換のきざし（1977 年～2000 年）

> **要点**
> ・偏差値教育からの転換

> ● 知識の習得量と再生の正確性の学力観からの転換
> ● 資質・能力 (学力) 観としての [生きる力]

　ペーパーテストによる偏差値をもとにして全国的な序列をつける教育に対し，マス・メディアをはじめ世論は，その見直しを求めた。それは，1977 (昭和 52) 年版の学習指導要領改訂の時期である。

　そこで，当時の文部省は，学習指導要領の改訂で「ゆとりと充実」を打ち出し，授業時数の削減を図った。折しも，週休二日の時代を迎え，詰め込み教育や偏差値教育といわれた知識重視の学力観が批判され，そこからの転換を図ろうとした時代である。

　この時代の教育課程は，戦後教育が求めてきた欧米等のいわゆる先進国が行っている教育の模倣を通して教育を行うことにより，先進諸国の経済や産業に追いつき，さらに，追い越そうとすることが，受験学力としての歪みを生み出した時代でもあった。

　また，この時期，アメリカ合衆国の教育においては，個別化・個性化教育が行われており，日本の学校教育にもそれを取り入れようとする機運がもたらされた時代でもあった。例えば，その時期の学校建築では，オープン・スクールという壁を取り払った教室が，新しい学校として日本各地で建設された。

　この 1977 (昭和 52) 年版の学習指導要領の考え方の延長にあるのが，1989 (平成元) 年版の学習指導要領である。

　「新しい学力観，学習観」という考え方のもと，それまでの教科学習だけではなく，これまでの教科では学ぶことのなかった学習を行うために「生活科」が小学校 1・2 年生に導入された。当初，生活科の授業は，教師にとって何を学ばせるか，どのように学ばせるかについてのとまどいが多くあった。これまでの教科学習では，主に知識の習得と内容の理解を求めてきた。その学力観の転換が求められたことへのとまどいである。そして，教師が教えるのではなく，子どもたちが自ら学ぶということで，教えるという「指導」ではなく，子どもへの「支

援」が強く求められた。それは，まさに「学習観」の転換であった。

　「生活科」における学びの内容は，児童の身のまわりの社会現象や自然現象を対象とした体験的な活動を伴うもので，学校ごとにその内容は異なるものが教育課程として編成されたが，それは系統的なものではなかった。また，当初は，教科ではあるが教科書はなく，その使用は，1992（平成 4）年からとなった。

　「生活科」の学習が小学校教育において知識の習得をすることのみでなく，社会認識や自然認識につながることから，小学校 1・2 年生だけではなく，義務教育段階でこのような活動を伴う学びとして「総合的な学習の時間」を学校教育に導入することが行われた。

　1998（平成 10）年告示の学習指導要領改訂では，「基礎・基本を身につけさせ自ら学び自ら考える力などの［生きる力］の育成」を目指し，教育内容の厳選を図ることが行われた。それは，小学校と中学校の教育課程上の重複や繰り返し等の再検討を行うことを通し，学習時間数の「ゆとりと充実」を図ろうとするものであった。

　しかし，かつて「詰め込み教育」とか「新幹線教育」として，教育内容の多さを批判していたマス・メディアは，教育内容を厳選して学校の教育活動にゆとりをもたせようとした教育課程の改訂に「ゆとり教育」というレッテルを貼り，批判した。

　さらに，受験産業の一部の塾が「円周率は 3.14 ではなく，3 となる」といった事実とは異なる情報を流し，教育課程を厳選しゆとりの中に充実をした学校教育活動に向かう流れに対して世間一般の不安をあおり，その実現に対し反対をした。そのために，2003（平成 15）年に，それまで 10 年ごとに改訂を行っていた学習指導要領の一部改正を行った。

　1998（平成 10）年の学習指導要領では，「総合的な学習の時間」を小学校 3 年生から中学校，高等学校，特別支援学校でも定位した。

　「総合的な学習の時間」が日本の教育課程としての学習指導要領に定位したことからは，それまでの学力（資質・能力）観からの転換を

　図ろうとしていることが見て取れる。この時代以降，日本の学校教育における学力（資質・能力）観の大きな転換が図られることになる。

　教育課程としての学習指導要領での具体的な教科等としての転換へのきざしは，1996（平成 8）年中央教育審議会第一次答申「🔎21 世紀を展望した我が国の教育の在り方について」で示された［生きる力］にある。

　そして，世界潮流の中での学力（資質・能力）観の転換は，OECD が 2000 年から 3 年ごとに行っている学習到達度調査の PISA や🔎DeSeCo（Definition and Selection of Competencies）によるキー・コンピテンシー（Key competencies）の考え方による資質・能力（学力）の育成へとつながる。

④　PISA による学力観の転換（2000 年〜）

> **要点**
>
> ● 資質・能力（学力）観の転換
> ● 「覚える学力」から「考える学力」へ
> ● 集団の中での序列ではなく，一人一人の個の資質・能力の育成

　PISA（2000 年が第 1 回，その後 3 年ごとに今日まで継続的に行われている）によって示された資質・能力は，アジア・太平洋戦争敗戦の日本の学校教育が 1948（昭和 23）年に導入した相対評価（集団に準拠した評価）による学力観と，その後の日本の学校教育に根づいた，ペーパーテストによる知識の正確な再生と，習得量による暗記中心の学力観に転換をもたらした。

　戦後から続けられてきた学力観は，暗記力という，ある意味，学習評価に対しての公平性があるため，今日までもその学力観が根強く残っていることも事実である。また，そこではペーパーテストの点数に

よる序列化が図られ，さらに，平均点によって集団の中での位置づけ
が行われた。

　平均点は，指導者が同じクラス（母集団）の指導を対象とした中で
出されたものに対してのみ意味がある。複数のクラスで指導者が異な
っている場合でも，クラスを超えて平均点を出す（当然そこでは教え
方や教える内容が異なっている）ことは，正確性を欠くものである。
さらに，異なる教師が教えているにもかかわらず，いまだに学年全体
の平均点が出されている現状もある。

　戦後日本の教育は，集団の中での序列をつけることが学習評価と受
け取られていた面が強くあったことは否めない。そこでの学習評価は，
戦後の団塊の世代，さらに，昭和30年代からの高度経済成長の中で，
日本が成長・発展を遂げるために集団の中での序列をつけることに向
け機能するためのものであった。

　戦後，1948（昭和23）年の学籍簿（昭和24年からは「指導要録」と
名称が変わる）から導入された相対評価（集団に準拠した評価）は，
戦後日本の経済発展の中で，大きな役割を果たしたが，一人一人の個
の資質・能力の育成には機能しないことから，今日，その役割は終わ
ったといえる。

　今日，2000年のPISAに象徴されるように，一人一人の個の資質・
能力を育成するための学力観への転換を図ることが，学校教育にも求
められるようになった。それは，OECDが求める先進諸国の資質・
能力の育成を図ることともつながっている。

　さらに，AI（人工知能 artificial intelligence）や♀IOT（Internet
of Things）を用いる時代になってきた今日，単に知識の暗記やその
習得量のみでは，PCやスマートフォンがそれに取って代わる時代に
なっている。その転換の起点となったのが，2000年のPISAであった。

　PISAは，これからの時代が求める資質・能力について，その内容
を先導的に示すものとなっている。PISAでは，既に2015年から
♀CBT（Computer Based Testing）が導入されている。

　世界的には，学校教育において CBT による試験に変わろうとしている。そして，CBT による試験では，これまでのペーパー試験よりも経費と人手とがかからないことも明らかになっている。

　しかるに，日本の学校教育においては，地域によって PC の導入は大きく異なっている状況である。多くは，学校に PC 室が設置されており，そこに行かなくては PC にふれることができない状況がある。今日プログラミング教育が言われているが，その前に，子どもたち一人一人が PC を持つことが先決ではないだろうか。

　日本においても今日，子どもたちの生活格差が広がっており，PC を触れることができない家庭も少なくない。だからこそ，学校では，一人 1 台の PC が持てるようにしなくてはならない。日本は教育にかける予算がきわめて貧弱であり，未来を生きる子どもたちに未来を創るための予算措置が執られていないことは，残念である。

　このような日本の現状に比べ，フィンランドでは，小学校低学年から一人一人が PC やタブレット PC を持っており，扱いにも慣れ，自在に使用している。日本では，高校でも一人一人が扱える PC がそろっていないため，近年，生徒の個人持ちのスマートフォンによって授業が行われることも出現している。

　次代には，道具としての PC は必需品であり，プログラミング教育以前に，PC を使用することがあたりまえの環境を整えることが，学校教育には強く求められる。

　と，ここまで書いたが，2019（令和元）年 12 月に，日本政府は 2023（令和 5）年度までに，小学校と中学校の全学年で児童生徒一人に一台の PC やタブレット端末を持たせるよう，ICT 環境を整えるための予算措置を行った。今後の課題として，Wi-Fi 環境等の設備面の充実や環境整備も重要となる。ハード面のみを整えるだけではなく，そのメンテナンス，さらには，機器・機材の更新も必要となる。それに対しての予算措置も含め，教育に対しての予算の充実が図られることを期待する。

　学校もまた，この PC の導入による教育のあり方や授業での使用方法についても前向きに研究・開発を行うことが求められる。これまでの PC を使用しない授業を脱し，PC を授業に用いるときの有用性や有効性を検討・検証することが重要となる。そこでは，日本の教育が明治以降に培ってきた授業研究が機能する。

　この授業研究を通し，次代に生きる教育内容と教育方法の開発が行われなくては日本の教育に未来はない。

　学力観は，時代の中で求められる資質・能力がいかなるものであるかにより，変わらなくてはならないし，変わらざるをえなくもなっている。

　時代によって技術革新が進む中で，求められる資質・能力としての内容が変わるのみではなく，そこで使用される道具もまた変化している。筆から鉛筆，ボールペン等と学ぶための道具の変化の中で，PC によって，それまでの単なる記録として機能のみではなく，ツールとしての機能そのものが大きく転換しており，その扱いについても教育の中で行わなくてはならない状況となっている。

　今日，このツールとしての機器・機材の学校教育における使用状況も，フィンランドと日本とでは，大きな差が生まれているといわざるをえない。日本の学校教育において，このような PC はじめ教育機器を子どもの時から使用していない状況が続けば，それは工業化社会 (Society 3.0) の時代にとどまってしまう。

　情報化社会 (Society 4.0) さらに未来社会 (Society 5.0) へ向けて，未来を生きる子どもたちに，これからの時代が求める教育を行うには，次代が求める資質・能力を明らかにし，それに見合う教育への投資を行わなければ，未来を創ることはできない。(髙木)

第2節

フィランド教育史

　フィンランドの歴史は，先史時代を除けば，大きくわけて，①スウェーデン統治時代（1155年〜1809年），②ロシアの自治大公国時代（1809年〜1917年），③独立以降（1917年〜）の三つに区分することができる。近代教育が成立するのは19世紀半ば以降，つまりロシアの自治大公国時代の後半からである。しかし，第1章でも述べたように，日本人にとってフィンランドは知られざる国であり，現在の事象を解釈するうえで過去の経緯を知ることも必要だろう。ここでは，スウェーデン統治時代も含め，フィンランドの教育史全体を見渡すことにしたい。

1　スウェーデン統治時代の教育（1155年〜1809年）

> **要点**
>
> ・スウェーデンと同じ教育制度／学校教育は富裕層向け
> ・1686年の教会法により，教会における庶民向け教育の開始

　スウェーデンは11世紀末頃から東方（フィンランド〜ロシア方面）に北方十字軍を派遣し，キリスト教化を進めていた。12世紀中頃，フィンランド（当時は統一的に領有する者はなく，一種の無主地とされていた）を併合し，スウェーデン領とした。併合後まもなく，スウェーデン貴族が次々に到来して，土地を領有していった。貴族以外のスウェーデン人も入植して，土地の開墾を進めていった。これらの

人々が，現在のスウェーデン語系フィンランド人の祖先である。一方，その土地にもともと住んでいた人々が，現在のフィンランド語系フィンランド人である。フィンランド域内の支配階層はスウェーデン人が独占し，公用語もスウェーデン語とされた。一方，フィンランド人の大半は農民か漁師か猟師で，日常生活ではフィンランド語を用いていた。

　スウェーデン統治時代の教育は，原則としてスウェーデン本国と同じである。

　13世紀には中心都市オーボ（フィンランド語名トゥルク）に教会付属の学校が設立され，商業都市ボルゴ（フィンランド語名ポルヴォー）に教会付属の商業学校が設立された。いずれも都市在住の裕福なスウェーデン人の子弟を対象としたものである。この時代の教育は，全てラテン語で行われた。

　16世紀に宗教改革が起こると，教会付属の学校は閉鎖された。そのため，教会付属の学校しか存在しなかったフィンランド域内では，まともに読み書き計算のできる人が激減し，地方政府の役人のなり手がいなくなって困ったという。

　1620年にスウェーデン本国で学校教育法が施行されたため，フィンランド域内にも，1学年制あるいは2学年制の「初等学校（図peda-gogio）」―4学年制8年間の「中等学校（図trivalskola）」―4学年制3年間の「高等学校（図gymnasium）」―「大学（図akademi）」という学校制度が導入された。初等学校での教育はスウェーデン語で行われたが，中等学校以上の教育は原則としてラテン語で行われた。フィンランド全域で，1809年までに初等学校21校，中等学校7校，高等学校1校，大学1校が設立された。学校数も少なく，学費も高かったため，これらの学校に通えるのは一部の裕福な家庭の子弟に限られた。

　1686年にスウェーデン本国で施行された教会法には教育の義務が規定されていたため，フィンランド域内の教会でもスウェーデン人にはスウェーデン語で，フィンランド人にはフィンランド語で簡単な読

み書きや計算を教えることになった。これは無償で行われたもので，当時の庶民向けの教育といえるだろう。フィンランド人が，公的に制度化された教育を受ける機会を得たのは，これが初めてとなる。

　（この一事を曲解したのか，「フィンランドは 1686 年に世界で最初に義務教育を導入した」と主張する人たちがいる。そもそも義務教育と呼べるほどの制度でもなく，仮にこれを義務教育というのなら，世界で最初に導入したのはスウェーデンということになる。）

2　ロシアの自治大公国時代の教育（1809 年〜1917 年）

> **要点**
>
> - 近代教育制度の確立
>   　─初等教育機関：民衆学校
>   　─中等教育機関：中等教育学校
>   　　⇒ 1914 年より中学校と高校に分割
> - 1858 年，フィンランド語による中等教育の開始

　1809 年，ロシアとスウェーデンの戦争の結果，フィンランドはロシアに割譲され，ロシア支配下の自治大公国となった。ロシアの支配下に入ったとはいえ，基本的な社会制度はスウェーデン統治時代のものが引き継がれ，公用語もスウェーデン語のままであった。しかし，学校制度については，スウェーデン統治時代のものは 1850 年代までに徐々に廃止され，新たな学校制度が確立されていった。

　この時期に成立した，初等教育の教育機関が「民衆学校（kansakou-lu)」である。

　これは 1850 年頃に工場主や農園主が，従業員や使用人のためにつくった教育施設を起源とするものである。地域によって，フィンランド語で教育を行なう場合もあれば，スウェーデン語で教育を行なう場

合もあった（大都市を除き，フィンランド語系フィンランド人の住む
地域と，スウェーデン語系フィンランド人の住む地域は明確に分かれ
ていた）。

　1866年に民衆学校令（kansakouluasetus）が施行され，民衆学校は
公立の6年制初等教育機関とされた。1898年には「全ての国民に教
育を受ける権利を保証する」との宣言がなされ，都市部では民衆学校
の設立が義務化されたため（農村部では義務化せず，村落共同体の決
定に任された），各地で民衆学校設立の動きが加速化した。1890年代
末までに，全国に900校の民衆学校が設立されたという。しかし，当
時は教育の義務はなく，「庶民は教会で読み書きを習えばよい」とい
う風潮があったため，無償で初等教育を受けられたにもかかわらず，
当時の就学率は30%程度だった。

　民衆学校の指導内容は地域の実情に応じて学校によって，あるいは
自治体によって決定されたため，学校により異なるが，共通する科目
としては，宗教，母語と書き方，地理，歴史，計算と図形，自然の知
識とその応用，美術，歌唱，運動，手工[*3]である（ただし，これら全
てが，全ての学校で教えられていたわけではない）。地域の実情に応
じた変更としては，例えば農村部の民衆学校であれば農業や気象とい
った科目が加えられた。都市部では，外国語や健康といった科目が加
えられた。

　この時期に成立した中等教育の教育機関は，大都市に設立された公
立の「男子中等教育学校（lyseo）」と「女子中等教育学校（tyttölyseo）」，
小都市に設立された私立の「中等教育学校（oppikoulu）」である。中
等教育学校は，民衆学校とは異なり有償であった。

　中等教育学校の指導内容も学校によって決定されたため，学校によ

---

*3　「手工（käsityö）」とは，木工や機織りなど，当時の家庭内で行われていた手仕事を学ぶ教科
であり，民衆学校が制度化された当初から現在に至るまで存在する教科である。日本の図画
工作（図工）教育は，スウェーデンの手工教育（slöjd）が起源とされているが，そのスウェ
ーデンの手工教育はフィンランドの手工教育にならったものとの説がある。

って異なるが，指導内容によって「実用派の学校（reaalikoulu）」と「古典派の学校（klassillinen lyseo）」の二つがあった。実用派の学校では，ドイツ語や英語など実用的な外国語を教えたほか，理工系の科目に力を入れていたとされる。一方，古典派の学校ではラテン語や古代ギリシャ語など古典的な外国語を教え，文学や哲学など人文系の科目に力を入れていたという。

スウェーデン統治時代は，中等教育はスウェーデン語（古くはラテン語）でしか受けられなかったが，1858 年にフィンランド語でも勉強できる中等教育学校が初めて設立された。ただ，当時の風潮として，「フィンランド語で中等教育や高等教育を実施すると，国の教養レベルが低下する」と公然と主張する人たちもいた。

中等教育学校は 8 年間で，民衆学校 4 年生のときに入学試験を受けて進学する（5 年生や 6 年生になってから受けることもできた）。中等教育を修了することで，大学入学資格を得ることができた。

1914 年以降，中等教育は 8 年制の中等教育学校から，5 年制の中学校（keskikoulu）と 3 年生の高校（lukio）に分割して実施されるようになった。

3　独立以降の教育（1917 年〜）

> **要点**
>
> - 1921 年　義務教育法により，6 年間の民衆学校教育が義務化
> - 1955 年　民衆学校教育に加え，2 年間の市民学校教育が義務化
> - 1968 年　学校民主化改革開始
>   　　　　　民衆学校・中学校の廃止と，基礎学校の設置が決定

独立以降の教育は，(1)自治大公国時代の制度（旧制度）を維持した時期と，(2)旧制度を廃止して新制度を確立していった時期の二つに

区分することができる。

(1) ● 旧制度を維持した時期（1917年〜1968年）

1921年に義務教育法（oppivelvollisuuslaki）が施行され，6年間の民衆学校教育が義務化された。施行時の就学率は約60%であった。

1955年，民衆学校法の改正により，民衆学校卒業後，中学校に進学しない場合は，「市民学校（kansalaiskoulu）」で2年間の市民教育と職業教育を受けることが義務づけられた。義務教育が実質的に8年間になったことを意味する。市民学校を卒業したあとは，具体的な職業訓練を受けるのが一般的であった。

(2) ● 旧制度を廃止して新制度を確立していった時期（1968年〜）

1960年代末から，北欧諸国の共通政策として，大規模な教育民主化改革が実施された。

当時のフィンランドの学校制度は，ドイツにならった複線型（いわゆるデュアル・システム）であった。民衆学校の4年生まではみな同じだが，そこから進学コースと職業コースに分かれる。進学コースの場合，民衆学校（4年間）→中学校（5年間）→高校（3年間）→大学といったコースをたどる。一方，職業コースの場合は，民衆学校（6年間）→市民学校（2年間）→職業訓練というコースをたどるのである。どちらのコースに進むかは，進学コースに学費がかかったこともあり，家庭の社会経済的地位によって，ほぼ決まっていた。

1968年，基礎学校大綱法（peruskoulun puitelaki）が議会で承認され，1970年に施行された。かくして，旧制度の民衆学校と中学校は廃止され，誰もが9年間の義務教育を基礎学校で受けることになったのである。この時点では，基礎学校は，6年間の小学校（ala-aste）と3年間の中学校（ylä-aste）に分かれていた（1999年に9年間の一貫教育となる）。このように，1970年から基礎学校の設立が始まったものの，それがフィンランド全土に普及したのは1977年であった。

　以後，教育の完全無償化，初等教育の教師への修士号取得の義務づけ，教育の地方分権化，教科書検定・採択制度の廃止，学校監察制度の廃止などを経て，現在のフィンランドの教育に至る。このあたりについては，次項以降で教育課程／教育課程基準（opetussuunnitelma/opetussuunnitelman perusteet：日本の学習指導要領に相当）の変化と関連づけながら，詳しくみていくことにしよう。

4　教育課程基準

(1)●旧制度（1866年〜1968年）における教育課程基準概観

　フィンランドの旧制度においても，1925年，1946年，1952年に国家版の教育課程が策定されている。いずれも民衆学校の教育課程を示したものであるが，それぞれ策定された時期の状況を色濃く示すものでもあった。時代の「思い」を強く反映したものであるため，当時の教育課程について「学校のカリキュラムというよりは，むしろ文学的あるいは詩的なもの」と評する研究者もいるほどである。1925年の教育課程は，独立〜新国家建設という雰囲気の中で生まれたもので，農業社会であったフィンランドを強く意識しつつ（そのため「農村民衆学校教育課程 maalaiskansakoulun opetussuunnitelma」と呼ばれる），国家意識の高まりから右傾化する社会，「国民共通の利益」という価値観などを背景とするものだった。同様に，1946年は第二次世界大戦の終戦から国家の建て直しという雰囲気の中で，1952年は「個」を重視しながら民主主義社会の構築を目指すという雰囲気の中で，教育課程基準も時代の雰囲気を支える価値観を色濃く反映しながら策定された。また，旧制度の教育課程基準は，ドイツ教育の理論と方法にならった部分が多いが，その経緯については第3章で詳しく述べる。

(2) ● 新制度（1968年〜）における教育課程基準概観

　教育改革が始まってから，教育課程基準は1970年，1985年，1994年，2004年，2014年と，約10年ごとに改訂を重ねながら告示されている。1970年の教育課程は旧制度の民衆学校と中学校の教育課程を統合したもので，旧制度の影響を強く残したものであった。1985年，1994年，2004年，2014年の教育課程基準については，社会と学校の乖離，国際化，多様化，環境，グローバル化，異質性，複雑化，共生，知識基盤社会，生涯学習，持続可能な社会など，時代の変化を取り込みながら策定されていった。

(3) ● 教育課程基準1970

　「上から下方向モデル（ylhäältä alaspäin suuntautuva malli）」の教育課程と呼ばれる。ここでいう「上から下」には，二つの意味がある。

　一つは，きわめて中央集権的な教育政策を体現するものであったこと。当時は初等教育から高等教育に至るまで，全ての学校の設置者は国家であり，教育に関わるあらゆる決定権を国家が握っていた。指導内容も指導法も教育課程に詳細に定められ，定められたとおりに指導されているかどうかを監察する制度もあった。

　もう一つは指導法。当時は，いわゆる教師主導型の指導法が一般的であり，「上から下」に知識を流入することこそ最も合理的な方法と考えられていた。授業中に児童生徒が質問したり，自分の意見を述べたりする機会はあったというが，その機会を与えるかどうかの決定権も教師にあったという。

　この教育課程が施行されたのは，旧制度と新制度の移行期であり，急激な変化を緩和するために，中等教育指導内容には上級（旧制中学校レベル）・中級・初級（旧制市民学校レベル）の三段階のレベルが設定されていた。

（4）● 教育課程基準 1985

　「下から上方向モデル（alhaalta ylöspäin suuntautuva malli）」の教育課程基準と呼ばれる。中央集権的な教育政策に疑問が投げかけられたこと，児童生徒の自発性を重視するようになったことを意味する。時代背景が大きく作用しているので，簡単に説明しよう。

　1970年代から，フィンランドを含むヨーロッパ各地で「学校と社会の乖離」が問題になっていた。当時は多くの国で，高等教育を頂点におき，「上から下」に下ろしていくかたちで中等教育と初等教育の教育課程を組むのが一般的だった。高等教育を最終目的とする教育であるから，大学を目指す児童生徒にとっては都合がよいものであるが，進学せずに就職する児童生徒にとっては「社会では役に立たない」ものであった。これによる学校の軽視や学習意欲の低下が問題になっていたのである。

　1985年，教育課程基準を告示するにあたって，「学校は社会で役に立つことを教えるところ」であることが特に強調された。ただ，フィンランドにおいて，この発想は決して新しいものではない。旧制度の民衆学校は，「社会で役に立つことを教えるところ」だったのだ。どの教科でも，その知識や技能を社会に適用することを前提として指導していたのである。その発想を取りもどすために，グループによる探究学習が奨励されたほか，習った内容を社会にあてはめて考えさせる指導法や，児童生徒の日常的な問いを出発点とするような指導法などが示された。

　とはいえ，1985年版においても，指導内容と指導法は教育課程基準に規定され，その実施状況が監察される制度自体は変わらなかった。また，中央集権的な教育政策に疑問が投げかけられたといっても，その不徹底ぶり，効率の悪さ，官僚主義，多様性の欠如などが問題にされただけで，まだ地方分権は具体化していなかった。この時点で，自治体は小学校（基礎学校のうち1～6年生を指導する学校）の設置を任

されただけで，その他の決定権は全て国家が握っていたのである。

(5) ● 教育課程基準 1994

「協働モデル（yhteistyömalli）」の教育課程基準と呼ばれる。地方分権と現場裁量の拡大によって「国家―自治体―学校」の協働が成立したこと，そして，学校において協働学習が重視されるようになったことを意味する。教育の制度面は一応の完成をみたということで，2004年版と2014年版の教育課程基準も「協働モデル」であるとされる。

国家策定の教育課程基準は完全に大綱化し，予算に関わる細目は各自治体の決定に任され，内容に関わる細目は各学校の決定に任された。こうして，フィンランドの教育課程基準は，国家版―自治体版―学校版の三段階制になったのである。

教育課程基準の告示に先立ち，教科書検定・採択制度は廃止され，監察制度も廃止されたため，教師は完全に自分の流儀で教えることが可能になった。

「社会に役立つことを教える」ということに関しては，1985年版からさらに進められた。単に教科の知識を増やすのではなく，「知識の構造や有効性を理解すること」，「現実の問題解決に知識を適用できること」，「自分の知識の構造を組織化すること」が最も重要だとされたのである。そういった活動の時間を確保するためもあり，各教科の指導事項が大幅に削減された。例えば，母語科（日本の国語科に相当）では，文法は一切教えなくてもよいことになったのである。ただし，これは母語科を軽視するものではなく，1994年版の教育課程基準は母語を「思考し，自分を表現し，伝え合うための道具」，「社会関係や世界観を形成する道具」，「文化の伝達と発達の道具」などと定義し，母語教育は「言語技能の基礎を教え，それを発達させるという重要な責任があり，学ぶ意味・目的・方法を学ぶための基礎を築く」としていて，母語教育重視の姿勢を打ち出しているのである（この姿勢は現在まで保ち続けられている）。

協働学習を重視するようになった背景には，当時の国際情勢がある。1991 年にソビエト連邦の崩壊とともに冷戦が終了したが，それで世界が平和になるのではなく，欧州だけでもスロヴェニア紛争，クロアチア紛争，ボスニア紛争など，混沌とした状況が続いていた。世界は，単なる多様性ではなく，決して相容れない異質性で満ちていた。こういった状況で，異質なものを排除して，同質なものどうしで「協力」していくだけでは，問題は解決しない。異質なものも取り込み，対話を重ねながら「協働」し，解決策を模索することで，初めて共存する道が開ける。社会構成主義的な発想と相まって，こういった世界情勢があったからこそ，協働学習が重視されるようになったのである。

協働学習においては，教師も協働学習者とされた。もちろん，協働学習者であると同時に，指導の専門家であり，教科の専門家として機能することも期待されているのだが，児童生徒にとって権威的な存在にならないことが肝要とされた。

1994 年版の教育課程基準にあわせて制作あるいは改訂された各教科の教科書では，答えが一つに定まらないような課題が掲載されるようになった。そういった課題に協働して取り組むことをねらったものである。この頃から，「グループ学習（ryhmätyö）」という言葉は使われなくなり，「協働学習（yhteistyö）」という言葉が使われるようになった。

(6) ● 教育課程基準 2004

後退した部分と前進した部分のある教育課程基準である。

後退した部分とは，1994 年版で大幅に削減した指導事項を，大幅に復帰させたことである。例えば，先述の，1994 年版で教えなくてもよいとされた母語文法も，2004 年版では教えなければならないことになった。

後退の背景には，1996 年から実施されることになった全国学力状況調査がある。学校に広汎な裁量権を与えたために，教育の質保証に

関する懸念が生まれた。その懸念に対処するため，全国学力状況調査を実施することが決定されたのである。全国学力状況調査は，教科学力を測るものと，汎用的な資質・能力を測るもの（🔍 ラーニング・トゥ・ラーン・アセスメントという）の二本立てで，教科学力（母語と数学）については基礎学校9年生（日本の中学3年生に相当）を対象に年2回実施され，汎用的な資質・能力については基礎学校1年生，3～4年生，6～7年生，9年生を対象に随時実施されている。

　教科学力を測るものについては，母語と数学以外の教科について，9年生以外の学年を対象にしたアセスメントも随時実施されている。この教科学力のアセスメントにおいて，どうやらフィンランドの児童生徒の学力（特に母語の学力）が低下しているらしいことが明らかになったのである。

　「学力が低下したのは，1994年版教育課程基準で指導事項を削減したからだ」という批難が沸き起こったこともあり（それだけではないというが……），フィンランド教育庁は学力向上プロジェクトを企画すると同時に，2004年版教育課程基準で指導事項を復活させたとされる。

　前進した部分とは，教育の国家目標として「人として・社会の一員としての成長」，「生きるために必要な知識と技能」，「教育の機会均等の推進と生涯学習の基盤づくり」の三つが，明確に示されたことである（この内容は2001年の「基礎教育における国家目標と授業時数配分に関する政令 Valtioneuvoston asetus: perusopetuslaissa tarkoitetun opetuksen valtakunnallisista tavoitteista ja perusopetuksen tuntijaosta」に基づくもの）。先述のように旧制度の民衆学校以来「社会で役に立つこと」を教えてきたとされるフィンランドの教育が，ついに「生きるために必要な知識と技能」を国家目標としたのである。

　また，教科を超えた資質・能力が示された点も前進といえる。2004年版で示された資質・能力とは，①人間としての成長，②文化的アイデンティティと国際性，③メディア・リテラシー，④市民としての社

会参画と起業家精神，⑤環境，繁栄，持続可能な未来への責任，⑥安全，⑦人間と科学技術，の七つである。2004 年版では単に列挙されただけであるが，2014 年版では資質・能力（2004 年版とは少々異なる）を教科学力と関連づけ，評価されるようになるのである。

(7) ● 教育課程基準 2014 (現行版)

現行版の教育課程基準は 2014 年に告示され，2016 年から施行された。施行年度から「教育課程基準 2016（OPS2016）」と表記されることも多い。

フィンランド教育庁としては，「学力低下問題」への対処を迫られつつ，時代の変化にも対応しなければならないという，苦しい状況の中での告示となった。学力低下問題とは，PISA や ♀TIMSS など国際学力調査の成績が実施のたびに低下していたこと，国内の学力状況調査でも 2004 年から 10 年連続で数学と母語のスコアが落ち続けていたことである。

教育庁の説明によれば，現行版のベースには EU の「Key Competences for Lifelong Learning 2007」と OECD の「♀Education 2030」があり，以下の 4 点を支柱とするものであるという。

① 指導法と学習法を変える（『何を教える／学ぶ』から『どうやって教える／学ぶ』へ）。

② 教科学力と汎用的な資質・能力を明確に関連づける。

③「学校文化」を変える（学校にまつわる，さまざまな因習化した概念を払拭する）。

④ 電子黒板・タブレット・PC など，教育を全面的にデジタル化する。

② について，現行版教育課程基準は，汎用的な資質・能力（laaja-alainen osaaminen）を，以下の 7 つとしている。

> L1：考えること・未知の課題に取り組む意欲と能力
> L2：文化的コンピテンシー・相互作用・自己表現

L3：自己管理・生活管理

L4：多面的・多元的読解力

L5：ICT コンピテンシー

L6：仕事の能力・起業家精神

L7：社会への参与と参画・持続可能な未来の構築

　現行版教育課程基準では，全学年の全教科の全ての目標と内容が，下の「母語」の例（**表4**）のように7つの汎用的な資質・能力と関連づけられている。このように示すことによって，全学年の全教科について，教科学力とともに，関連する資質・能力を統合的に評価することが可能になる。

　2014年に，現行版教育課程基準が告示されたとき，興味深いことが起こった。英国の一部メディアが，その内容について徹底的な批判を繰り返したのである。

　例えば，2015年4月2日付『The Independent』ウェブ版（www.independent.co.uk）は「フィンランドは教科を廃止して，🔎フェノメノン・ベースの学習に置きかえた」と報じており，そういった改革についてダービー大学のデニス・ヘイズ教授は同年同日付『The Strait Times』で「フィンランドは，あのすばらしい教育システムを放棄し

表4｜基礎学校1〜2年「母語」の教育課程基準（部分）

教科の目標と内容	関連する資質・能力
さまざまな相互作用において活動する技能を伸ばす。	L1, L2, L3
グループ活動に参加する機会を与えることによって，言語の技能，想像する技能，協働する技能を伸ばす。	L1, L2, L7
演劇の手法などを用いて，表現する勇気をもたせ，自己表現できるように指導する。	L1, L2, L7
児童自身が発信者としてのイメージをもつことができるように指導する。人間がさまざまな方法で情報を発信することを理解させる。	L1, L2, L7

▶「Opetussuunnitelman perusteet〈教育評価規準〉2014」より

た」と徹底的に批判したのだ。

ここでいう「フェノメノン・ベースの学習」とは，記事の説明によれば，例えば生徒が国際空港のカフェテリアに興味をもったとしたら，それをテーマとして取り上げ，実際の店員の仕事と関連づけながら数学，国語，外国語などの指導を行なうことであるという。そして，前出のヘイズ教授は「これは教育ではない。ただの職業訓練だ」と批判したのである。これらの記事は日本でも紹介され，「フィンランド教育が教科を廃止⁉」と，話題になったものである。

これについては，第1章第3節で述べたように，フィンランドの教育にまつわる典型的な誤解と曲解がある。まず，「教科を廃止」とあるが，これは事実ではない。現行版教育課程基準（2014）でも，これまでの教育課程基準と同じように，教科ごとに内容と目標が示されており，それを見ただけでも教科が廃止されていないことはわかる。英国のジャーナリストや研究者は原典を見ずに（あるいはフィンランド語を読めずに）批判していたのだろうか。

フェノメノン・ベースの学習についても，そもそも教育課程基準にそのような言葉は記載されていない。実際に記載されているのは，少なくとも年に一回は，児童生徒がプロジェクト学習のように主体的に取り組めるような機会をもうけなければならない，という程度のことなのである。現行教育課程基準では，2014年に初めて全ての内容を告示したのではなく，2012年から改訂のポイントを明示しつつ，段階的に内容を公開していった。それを見たフィンランドの教師たちの間で，「フェノメノン・ベース」（フィンランド語では「ilmiölähtöinen opetus」あるいは「ilmiöpohjainen opetus」）という言葉が生まれ，その実践について多少の議論があったのである。これはプロジェクト学習を義務づけるものでもあったため（ただ，プロジェクト学習は例示されているだけであり，具体的な方法については教師の裁量に任されている），それに対する批判的な論調もあった。このあたりの動きを曲解して，前出のような記事や批判が生まれたのだろう。このように，

フィンランドの教育に関する誤解や曲解は日本だけの現象ではないのである。

　ただ，次節に述べるとおり，今般の教育課程基準改訂には，そういった誤解や曲解を生み出すだけの理由があった。(北川)

現行版教育課程基準の目指すもの
——学校文化・指導の文化・学習の文化を変える

1 コンピテンシー（資質・能力）・ベース

「フィンランドは教科を廃止したわけではありません。また，学校における紙と鉛筆の使用を禁止したわけでもありません。確かに，学校文化・指導の文化・学習の文化の変革を目指していますが，そういうことではないのです。」

現行版教育課程基準が施行された 2016 年頃，フィンランドの教育政策の担当者，特に初対面の人物に会うと，開口一番，このように切り出されたものである。前述のデニス・ヘイズ教授によるフィンランド教育批判は，各国で広く知られており，多くの国の調査団から「フィンランドは教科を廃止したんですか？」，「教科学習を，全てフェノメノン・ベース学習に置きかえたんですか？」，「そんなことをして，大丈夫なんですか？」などと質問されたのだという。それに辟易（へきえき）して，このように予防線を張ったのである。

予防線を張ったあと，教育政策の担当者たちは必ず次のように続ける。

「ただ，誤解されても，しかたのない面もあるのです。現行版教育課程基準では，教科は資質・能力を育むための『道具』にすぎないとされたのですから。」

これまでの教育課程基準においても，学校は「社会で役に立つこと」を教えるところとされ（1985 年版〜），教科を超えた力として「資質・能力」が示され（2004 年版），教科等横断的な指導が奨励されてきた。しかし，学校で指導／学習するのは，教育課程基準に到達目標の示さ

れた教科であって，資質・能力は一種の「副産物」と考えられていた。要するに，教科が主で，資質・能力は従だったのである。

　ところが，現行版教育課程基準においては，「学校教育の目標は汎用的な資質・能力の育成である」とされ，教科はそれを達成するための「道具／手段（työn välineet）」と位置づけられたのである。

　ただし，教科が資質・能力育成の「道具」に位置づけられたとはいえ，教科指導が軽視されるようになったということではない。もともと，フィンランドの教科学習についての考え方，教育課程基準の位置づけについての考え方は，やや保守的である。すなわち，教育は社会の公的責任として，社会の成員に対して提供されるもの。社会は成員に教育を提供する義務を負い，成員は社会で必要とされる知識と技能を習得する義務を負う（フィンランドにおいては，教育の義務は子ども一人一人が負うものとされている）。基礎学校7年生のとき，各教科について，「教育課程基準について考える」という単元が設定されているが，教育課程基準の内容を批判的に検証するのではなく，その内容を理解したうえで，「なぜ社会は，このような知識と技能の習得を，私たちに義務づけているのか？」と考える。そのうえで，「自分たち（学級）がさらに学びたいこと」，そして「自分がさらに学びたいこと」を付加的に考えるのである。「学ぶべきこと」を学んでから「自分の学びたいこと」を学べ，ということだ。そして，高校に進むと，各教科の最初の単元で「自らを解放する手段としての学習」という概念を学ぶ。すなわち，義務教育段階では，社会・学校・家庭の支配下で「学ぶべきこと」を学んできたが，高校からは，その軛（くびき）から自らを解放するために学ぶというのである。義務教育を修了してから，自分の志向と適性に応じて「自分の学びたいことを学ぶ」ということだ。この考え方は，現行版指導要領の下でも変わらない。

　とはいえ，この「教科」と「資質・能力」の，いわば逆転現象を踏まえて，教科の指導内容も大幅に見直された。簡単にいえば，社会で必要とされる力を出発点として，教科の指導内容を再定義したのである。

　例えば，現在の社会において，どのような仕事に就いたとしても，文章を書くときに，ペンと紙を使うことはなく，コンピューターなどICT 機器を使う。この状況を踏まえ，学校の完全 ICT 化とテストの完全 CBT 化を目指すとともに，現行版教育課程基準では，初等教育の母語科（日本の国語科に相当）で筆記体を教えなくてもよいことになった。筆記体を教えないということは，すなわち，授業中にノートをとるのも，課題をこなすのも，テストを受けるのも，全てコンピューターやタブレットなど，ICT 機器で文字を入力する状況を想定しているということである。もちろん，紙とペンを使って，筆記体で文章を書くことが禁止されたのではない。学校でまず身につけるべきことは，ICT 機器で文字を入力することであって，紙とペンで文章を書くことではない――ということなのである。

　このことは，フィンランド国内でも話題になったが，それ以上に国外で物議を醸した。「学校で手書きをやめて，本当によいのだろうか？」というのである。現在でも，ときどき思い出したように，各国の新聞やネット上などで話題になったり，議論になったりしている。興味のあるかたは，「finland/stop/teaching/handwriting」でインターネット検索してみてほしい。大量の記事が見つかるはずだ。

　この件に関して，フィンランド教育庁は「もはや紙とペンを使って仕事をする時代ではない。同様に，学校も紙とペンを使って勉強をする時代ではないのだ」として，あらゆる批判を退けている。

　また，「これは教育ではない，ただの職業訓練だ」とのヘイズ教授の批判に対しても，「フィンランドの学校が育むのは，具体的な職能ではなく，社会で必要とされる汎用的な資質・能力である。よって，『職業訓練』との批判はあたらない」として退けている。

❷　学習評価～教科学力の評価と，汎用的な資質・能力の評価

　現行版教育課程基準では，教科学力の評価に加え，汎用的な資質・

　能力の評価も求めている。資質・能力の評価は新たに導入されたものであるため，施行にあたって，評価方法の周知・徹底が図られた（ただ，4章で述べるように，周知徹底はあまりうまくいっていなかったようである。これについては最後の第6章で改めてふれることにする）。

　教科学力の評価については，従来どおり4〜10の7段階で評価し，教育課程基準に示された到達目標に到達していれば「8」となる。ただ，これまでは，「9」と「10」の境界や，「6」と「7」の境界などが曖昧だったため，教育庁から「境界の定義」について指針を出すことになった（ただし，2019年3月の段階では『作成中』とのことであった）。フィンランドでは，高校進学は原則として評点平均だけで決まってしまうこともあり，さらなる透明化と公平化が求められたのだという。

　また，教科学力の評価に，「行動評価を加味してはならない」ことの周知徹底が図られた。これについては，これまでの教育課程基準でも，同じように定められていたのだが，現実には，一部の教師は児童生徒の教科の課題などをこなす姿勢や態度も含めて評価しており，児童生徒も評価されることを期待して授業や課題に臨んでいたという（さらには，保護者もそれを期待していたらしい）。そもそも，フィンランドの通知表や成績証明書（日本の指導要録に相当するもの）には，現在の学校制度が始まった時点より，教科の評定を書き込む欄とは別に，「行動（käyttyminen）」の評定（これも4〜10の7段階である）を書き込む欄があり，両者はあわせて評価してはならないとされている。この点について，現行版教育課程基準の施行にあたって，改めて周知徹底が図られたのである。

　汎用的な資質・能力の評価については，教科学力の評価のような「序列づけのための評価」ではなく，「成長のための評価」とされており，その具体的な方法については自治体や学校（あるいは教師個人）の裁量に任されている部分が大きい。ただ，1〜5の数字で評価すること，教師と児童生徒の二者，あるいは教師と児童生徒と保護者の三者で協働的に評価することは，おおむね共通しているようである。

　汎用的な資質・能力の協働的な評価においては，教師と児童生徒の二者，あるいは教師と児童生徒と保護者の三者による「評価面談」が重要となる。児童生徒と保護者には，評価面談に先立って，評価項目が記された調査票が渡される。調査票に記入された内容を踏まえて，教師と児童生徒の二者，あるいは教師と児童生徒と保護者の三者が，児童生徒本人の汎用的な資質・能力について，具体的に話し合うのである。話し合った結果，教師，児童生徒，保護者による，それぞれの最終的な評価点が記帳される（校務管理システム🔍Wilma〈ヴィルマ〉には，教科学力の評価を記帳するページと，汎用的な資質・能力の評価を記帳するページがある）。つまり，評価面談とは，評定についての合意形成を目的としたものではないのである。（第4章「2018年度調査」参照。）

　評価面談の頻度は，学校や自治体（あるいは教師）によって異なるが，二者面談は2カ月に1回程度，三者面談は年に2回程度実施するケースが多い。なお，基礎学校7年生以上の三者面談においては，高校進学に関わるため，教科学力の評価についても話し合うものとされている。

　現行版教育課程基準においても，高校進学において選考の基準とされるのは，教科学力の評定平均のみである。つまり，汎用的な資質・能力の評価は，高校進学とは完全に無関係ということだ。この点については，フィンランドは徹底している。大学進学においては，高校の成績自体，全く無関係とされる。よって，日本のような推薦入試や，AO入試は存在しえない。フィンランドの大学の60%は高校修了資格認定試験の成績のみで合否を決定し，残り40%は高校修了資格認定試験の成績＋学科ごとに実施した入学選考の成績のみで合否を決定するのである。(北川)

日本におけるプロジェクト学習・トピック学習

1　日本の学校教育における教科の枠を超えた学び

　2000（平成 12）年の PISA によって，フィンランドが成績の上位になったため，日本においてもフィンランドの教育を取り入れようとする動きが出た。その主たるものがプロジェクト学習やトピック学習である。

　プロジェクト学習とは，子どもたちの主体的な学習を推進するため，身のまわりの生活に基づく内容をテーマとして問題や課題を設定し，その問題や課題の解決に向けて子どもたちが協働して学ぶ学習である。日本においては，生活科や総合的な学習の時間で子どもたちが自主的に学習の課題を見つけ，それを協働して追求する学習として行われるようになってきた。

　また，テーマを設定し，それについて追求する学習として，トピック学習がある。イギリスで 1960 年代後半から行われているトピック学習も，子どもたちの興味や関心に基づき，教科の枠を越えてさまざまな角度から生活に基づいた特定のテーマにそって，それを総合的に学習するものであり，日本においては生活科や総合的な学習の時間で用いられるようになった。

　上記二つの学習は，教育の向かうところの方向性を社会構成主義の学力観に依拠しており，似たものがある。ともに学び手である子どもたちを主体とし，子どもたちがもった問題や課題を，子どもたちが主体的に解決を図るという学びの構造をもっている。そこには，大人が価値づけた教育内容を伝達し，それを知識として習得するという近代

教育が行ってきた教育のパラダイムを，子どもたちを中心においた教育活動にシフトする学びの方向が見て取れる。

2000（平成 12）年の PISA によって明らかにされた時期のフィンランドの教育では，上記の学習が行われていることが日本に紹介され，それがフィンランドの教育の PISA における成果となって現れていると受け止められた。

そして，日本においてフィンランドの教育は，それまでの日本の学校教育，明治以来根ざしてきた教科学習中心の枠組みでなく，プロジェクト学習やトピック学習としての総合的な学習の時間が，これからの日本の学校教育においていかに重要であり機能するか，という視角から紹介された。

現在，フィンランドには 14 の大学があり，それぞれが教員養成課程（主として基礎学校 1〜6 年を指導する学級担任教師を養成する）を備えている。その中で，ユバスキュラ大学における総合学習の事例の教育実践が，この時期，日本のマス・メディアでも多く取り上げられ，紹介されている。

ユバスキュラ大学は，教育に力を入れており，フィンランドの中でも特徴的な教育が行われている地域の大学でもある。ただし，ユバスキュラ大学での教育実践が，フィンランド全体の教育内容ではないことも確認しておきたい。

日本の 1989（平成元）年版学習指導要領において，それまで教科学習中心であった小学校教育に，教科の枠を超えた授業科目として生活科が導入された。

生活科は，それまで行われてきた小学校 1・2 年生の社会科と理科の時間を使用したものであったため，当初，この二つの科目を合わせた合科的な発想で授業が行われることもあった。しかし，生活科としての考え方が浸透するにつれ，子どもたちの身のまわりの生活経験やそれに伴う経験や体験を豊かに行うものとして，学校教育に新しい科目として定位した。

　この生活科での学習は，子どもたちの身のまわりの自然や社会，生活の中から話題を見つけ，子どもたちの興味や関心をもとに授業が組み立てられており，いわゆるトピック学習の考え方に基づく指導が行われている。

　この生活科の導入により，それまで学校教育の中心として行われてきていた教科学習に，実社会や実生活でのさまざまなできごとを対象化する視点が生まれ始めた。生活科の導入により，それまでの教科学習では行うことのできない視野の学習が行われるようになった。このことにより，学校教育においても多様化する時代状況の中で，教科の枠にとどまらない学習の重要性を認めることになった。

2 「総合的な学習の時間」の意味するもの

　1998（平成10）年度の学習指導要領から，小学校中学年から中学校3年生までの全ての学年に総合的な学習の時間が導入された。

　総合的な学習の時間は，小学校1・2年生の「生活科」の学習を受けつつも，他教科との関連の中で，教科等横断的な性格も有している。そのため，各学校の教育課程の編成において，教科間の内容の関連を図ることが重要となる。それは，これまでの教科の学習を中心として行われてきた学校の教育内容を広げ，深めるものとなった。

　総合的な学習の時間は，生活科のように教科学習の枠を超えた学習を目指しており，内容には，当初は，環境や福祉，キャリア教育等の内容が多く取り上げられたが，しだいに身のまわりのできごとだけではなく，社会生活や進路の問題等，教科学習の枠を超えた学習が行われるようになった。

　このように総合的な学習の時間でのテーマの範囲は，それまでの教科学習の枠を超えたものとなる。そのため，それまで教科学習において行われてきた教室で，机に向かって椅子に座って学習するということを超え，教室から出て社会や自然の中で，子どもたちが自分自身で

課題や問題を見つけたり発見したりすることを通した学習が行われるようになった。

　この自ら課題や問題に向かい，それを解決することは，プロジェクト学習としての取り組みであり，フィンランドの教育がほぼ同時期に同様の学習を行っていることは，世界の教育の一つの潮流であるといえる。

　この生活科と総合的な学習の時間の導入によって，日本の学校教育における学びの質的転換が図られるようになってきた。このことは，先にイギリスで行われてきたトピック学習やフィンランドのプロジェクト学習における学びの質的な転換が示しているように，学校教育で育成すべき資質・能力の転換が，世界各地で求められるようになった時代の象徴でもある。(**髙木**)

第3章

世界的潮流の中の
フィンランドとその教育

　大国の思惑に翻弄された過去，そして先進工業国として地球規模の課題に取り組む現在，さまざまな外的要因がフィンランドの教育にどのような影響を与えてきたかを描く。

高校修了資格認定試験の会場（マルティンラークソ高校）

第二次世界大戦以前
——大国に翻弄される歴史

　　フィンランドの物語はサバイバルの物語である——フィンランド人の教育学者で，英語の著書も多いことから日本でもよく知られるパシ・サルベリ教授（ニューサウスウェールズ大学教育学部，2019年時点）は，フィンランドの苦難の歴史をこのように表現している。サルベリ教授の言葉に示されるように，フィンランドは東西の大国に翻弄されながら，現在まで生き延びてきた。それはフィンランドの教育についてもいえることである。第２章ではフィンランド教育史を制度の変遷という観点で概略的に紹介したが，本章ではフィンランドの教育を世界の動きと関連づけながらみていくことにしよう。

1 　スウェーデン，そしてロシアとナポレオン

> **要点**
>
> - スウェーデン統治時代はスウェーデンの教育制度。学校教育はスウェーデン語のみ
> - ナポレオン，ロシア皇帝，スウェーデン国王の思惑で，支配権がロシアに移動

　　第２章で述べたとおり，スウェーデン統治時代（1155〜1809年）は，現在のフィンランドの国土はスウェーデンの一部であり，スウェーデン本国の教育制度が導入された。公用語はスウェーデン語で，学校では最初はラテン語，のちにスウェーデン語が用いられた。当時から人

口の大半を占めていたのは，フィンランド語を母語とする人々であったが，フィンランド語で学校教育を受けることはできなかったのである。ただ，スウェーデン本国の教会法（1686 年）により，庶民であっても，教会の教理問答のときに，スウェーデン語のみならず，フィンランド語の読み書きを習うことができるようになった。

　19 世紀に入ると，フィンランドの支配権はスウェーデンからロシアに移るが，この背景には大国の思惑があった。

　当時，ヨーロッパ征服をもくろんでいたナポレオンは，スウェーデン国王グスタフ 4 世アドルフを屈服させるため，同盟関係にあったロシア皇帝アレクサンドル 1 世にスウェーデン東部（＝フィンランド）の征服を依頼した。かくして，ロシアとスウェーデンの間に戦争が起こり，1809 年のハミナの和約によって，フィンランドはロシアに割譲されたのである。当初，ロシア皇帝アレクサンドル 1 世はフィンランドをロシアの一部にするつもりだった。しかし，ナポレオンとの関係が悪化したこともあり，フィンランドに住む人々を懐柔しておけば，あとあと役に立つだろうと考えて，自治大公国にすることにした——このように，フランス・ロシア・スウェーデンの皇帝や国王の思惑でフィンランドの運命が決まってしまったのだから，まさに大国に翻弄される歴史ではないか。

2　自治と言語闘争，ロシア化，そして独立

> **要点**
> - 自治権獲得により，スウェーデンの教育制度を廃止して，独自の制度を開始
> - フィンランド語とスウェーデン語の地位をめぐる「言語闘争」
> - ロシア化政策による，ロシアの言語と文化の学習の強制

　ロシアの自治大公国時代（1809～1917年），フィンランドが自治権を得たこともあり，スウェーデン統治時代の学校制度は徐々に廃止された。19世紀半ばごろから民衆学校が設立され，スウェーデン語あるいはフィンランド語で，初等教育を無償で受けることができるようになった。中等教育以上は伝統的にスウェーデン語でしか受けられなかったが，19世紀後半にはフィンランド語で学ぶことのできる中等教育学校も各地に設立された。

　第2章で述べたように，この頃，「フィンランド語で中等教育や高等教育を実施すると，国の教養レベルが低下する」と主張する人もいたというが，これは当時の「言語闘争（kielitaistelu）」を背景とするものである。第1章で述べたように，フィンランドには，人口の約6％を占めるスウェーデン語系フィンランド人と，約90％を占めるフィンランド語系フィンランド人がいる。前者は歴史的に支配する立場にあり，後者は支配される立場にある。自治大公国では，当初はスウェーデン語だけが公用語であった。言語闘争において，「スウェーデン語主義者（ス svekoman）」はスウェーデン語の優位を正当化し，「フィンランド語主義者（ス fennoman）」は言語の対等を要求した。スウェーデン語主義者の中には，フィンランド語系フィンランド人は農民や職人の地位にとどまるべきで，知識階級に加わるべきではない。ゆえに，初等教育だけで充分で，中等教育や高等教育は必要ない，と主張する一派さえいたのである。とはいえ，1863年に両言語の対等が宣言され，1902年にはフィンランド語も公用語とされて，現在の二公用語体制が成立した。

　19世紀末，ロシア皇帝ニコライ2世は，強大化しつつあるドイツに対抗するため，支配地域のロシア化を図り，帝国を強化しようとした。フィンランドにおいても，自治権が制限されるとともに，行政用語としてロシア語が強制された。学校においても，ロシア語とロシア文化の学習が義務づけられたのである。このロシア帝国強化政策にフィンランド人が激しく抵抗したことが，1917年の独立へとつながっ

ていく。

3　ドイツへの接近，そして戦争

> **要点**
> - ドイツに政治的に接近したため，教育にもドイツの強い影響
> - 対ソ戦争，「ナチスに加担した国」とのレッテル，単独講和
> - 戦中：「学童疎開」
> - 戦後：反ソ教育の禁止，教師と学校の不足による二部制・三部制・四部制授業

　独立後の教育制度は，自治大公国時代に確立したものが引き継がれたが，政治的経緯からドイツの影響も強く受けるようになった。独立を目指すにあたって，まずスウェーデンに軍事的協力を求めたのだが，断られてしまった。そこで，ドイツの軍事的協力を得て，第一次世界大戦と革命で疲弊したロシアからの独立を果たしたのである。この時から，フィンランドでは，あらゆる分野でドイツの影響が強まっていった。

　教育についていえば，自治大公国時代以来の複線型の学校制度（初等教育段階で進学コースと職業コースに分かれる制度）は，ドイツの制度にならって，さらに整備された。教育課程基準はドイツの教育学者ヨハン・フリードリヒ・ヘルバルトの教授理論に基づいて編成され，中等教育の第一外国語はドイツ語とされた。第二次世界大戦前のフィンランドの学生にとって，留学先といえば何を学ぶにしてもドイツだったという。

　だが，ドイツへの接近は，フィンランドに新たな苦難をもたらすことになる。フィンランドとドイツの親交は，英仏を始めとする欧州諸国から警戒され，特にソ連からは危険視されていた。

　第二次世界大戦時，フィンランドは独立と領土を守るため，二度にわたってソ連と戦うことになる（冬戦争 talvisota 1939～40年と継続戦争 jatkosota 1941～44年）。ここでフィンランドは，同国の唯一の擁護者となったドイツ（北欧諸国は中立維持のため支援要請を拒絶。他の欧州諸国もさまざまな思惑から支援しなかった）と「共戦」することを決定してしまう。かくして，フィンランドには「ナチスと組んだ国」とのレッテルが貼られることになってしまった。フィンランドにしてみれば，独自の目的でソ連と戦っているのであって，ドイツとは「たまたま一緒に戦っているだけ」だったのだが，外形的にはナチスに加担しているようにしか見えなかったからである。

　1944年9月，フィンランドは単独でソ連との講和条約を締結した。係争地域の放棄，多額の賠償金の支払い，フィンランド領内のドイツ軍の排除が，講話の条件である。単独講和に激怒したヒトラーの命令により，フィンランド北部の町村は，撤退するドイツ軍によって徹底的に破壊されてしまった。

　戦時中はソ連軍の空襲があったため，都市部の児童は郊外の農村部に学校ごと疎開した。ただ，農村部の学校施設は，同じく都市部から疎開してきた病院や産院として使われたため（農村部の大きな建物というと教会か学校だけだった），教育機関としてはあまり機能しなかったという。

　また，約7万人の児童が親元を離れて，中立国のスウェーデンやドイツ支配下のデンマークに疎開し，異なる言語と慣れない土地への適応を余儀なくされた。海外に疎開した児童の4分の1は疎開先に定着し，フィンランドに還ってくることはなかった。

　終戦直後，首都ヘルシンキに監視委員会が置かれ（連合国の設置したものだが，実質的にはソ連による監視委員会だった），フィンランドは厳しく管理されることになった。教育への影響としては，歴史や地理の教科書から反ソ連的な記述が削除され，ソ連に関わる「正しい指導法」の教員研修が実施された。監視委員会は1947年に撤退するが，

フィンランド社会における反ソ連的な言動に対する抑制は，「自己検閲」というかたちで，1989年にソ連が崩壊するまで残存したとされる。

　戦災により教育施設と教師が不足したため，都市部の民衆学校では午前・午後の二部制が一般化した。戦後のベビーブームが起こると，多くの民衆学校が午前部・午後部・夜部の三部制をとった。朝8時に午前部を始業して，各部4時間ずつ。夜部の終業は22時か23時になったという。1950年代には地方都市の人口が急増したこともあり，午前部・午後部・夜部・夜中部の四部制を検討せざるをえない状況に追い込まれた。この混乱した状況が完全に終息したのは，1960年代に入ってからであった。(北川)

国家の再興と新教育制度の開始
──ソ連と北欧諸国の影響

要点

- 国際：東西両陣営の狭間で独特の国際的地位を確立
- 国内：高度な福祉国家を目指すため，農業国から工業国への転換
- 国際・国内情勢を踏まえた，教育制度のありかたとは？
  新教育制度をめぐる論争と合意点：中学校までの義務教育化と教育の完全無償化

---

1 **国際情勢**

　戦後，フィンランドは国際的には独特の立場におかれることになる。

　とにかくソ連と共存する必要があることから，軍事的な相互援助条約を結ぶ（1948年）。ただ，これはフィンランドが中立を守ることでソ連の安全を保障するというもので，「ソ連寄りの中立」を意味するものであった。また，同じくソ連との共存に迫られた東欧諸国とは異なり，ワルシャワ条約機構（ソ連を盟主とする軍事同盟）に加わることもなく，社会主義経済システムをとることもなく，自由主義・資本主義体制を維持していた。とはいえ，軍事面だけではなく，政治・経済・外交など，あらゆる面でソ連とのつながりは強かった。

　その一方で，北欧諸国も，スウェーデン・デンマーク・ノルウェーのスカンジナビア三王国を中心に，つながりを強めていった。その背景には，第二次世界大戦において，フィンランドを含む北欧諸国は当

初は中立を宣言していたものの，ソ連に攻めこまれたフィンランドが戦争を開始し，デンマークとノルウェーがドイツに占領されるなど，戦争の惨禍を味わったことがある。1952 年，北欧理事会が設立され，北欧諸国の団結を強めつつ，政策協力をしていくことになった。ただ，東西冷戦期（1945〜89 年）には，ノルウェーとデンマークとアイスランド（1944 年にデンマークから独立）は北大西洋条約機構（NATO：アメリカを中心とする軍事同盟）に加盟するなどアメリカ寄り，スウェーデンはややアメリカ寄りの中立で，四国ともソ連とは敵対していたが，フィンランドは原則として親ソ的な政策を維持するなど，東西の狭間で独特なバランスを保っていた（ノルディック・バランス）。

❷ 国内情勢と新教育制度をめぐる論争

　戦後のフィンランドの教育は，とりあえず戦前の制度を維持したものの，新しい国づくりとともに新しい教育制度を目指していくことになる。

　国づくりの方向性としては，（細かい経緯は省略するが，最終的に）スウェーデンのような高度な福祉国家を目指すことになった。スウェーデンは中立国として戦火を免れたこともあり，戦後すぐに復興して，福祉国家として発展していた。ただ，スウェーデンのような福祉国家を目指すためには，相応の財源が不可欠で，農業国から工業国へと転換を図る必要がある。終戦直後のフィンランドは，工業化という意味ではスウェーデンに半世紀遅れているとされていた。

　ここで，ソ連に対する戦時賠償が大きな役割を果たすことになる。「6 年以内に 3 億ドル相当を，ソ連の指定した現物で」という，代物弁済型の戦時賠償は，当時のフィンランドにとっては大変な負担だった。「森と湖の国」フィンランドとしては，木材や紙パルプで支払いたいところだったが，ソ連が要求したのは機械や船舶や車輌など工業製品ばかり。この無体な要求が，結果として，農業国フィンランドを工業

国へと急速に転換させることになる。当時，農村部から都市部への人口流入が急増していたため，労働力も充分だった。

こういった状況にあって，1950年代から，教育改革に関する議論が始まった。工業国として発展するためには，優秀な人材が必要である。優秀な人材を育成するためには，教育の質を高める必要があるという点に関しては，国内各派の意見はほぼ一致していた。

優秀な人材を育成するためには，誰もが少なくとも中等教育は受けられるようにするべきではないか。裕福な者だけが中等教育以上を受けられるという制度はまちがっている。家庭の社会・経済的地位にかかわらず，誰もが能力に応じて（共産主義勢力の主張では，必要に応じて）等しく教育を受けられるようにするべきだ──当時は，ソ連の影響から共産主義勢力が強く，北欧諸国の影響から社会民主主義勢力も強く，リベラルな平等主義に基づく教育の民主化が声高に叫ばれた。

これに対して懸念を示したのが，同じく共産主義や社会民主主義の影響で組織化を進めつつあった教員団体であった。人間の能力には個人差があり，勉強には向き不向きがあり，地域格差による意識の違いもあって，誰もが中等教育に耐えられるわけでもなく，それを望んでいるわけでもないというのである。また，工業化を推進する勢力の中には，誰もが中等教育を受けるようになれば，中等教育全体のレベルが下がることになり，かえって優秀な人材が育成できなくなると主張する一派もいた。さらに，農村を基盤とする勢力は，教育の民主化自体には積極的だったが，中等教育以上の解放には消極的だった。中等教育以上の解放は，農村からの人口流出を加速化させ，やがては農村を消滅させてしまうのではないか，と懸念したためである。

さまざまな立場と主張を踏まえ，時間をかけて合意形成した結果が，基礎学校における前期中等教育までの義務化，そして教育の完全無償化だった。1968年から始まる新教育制度，それに引き続く教育改革の背景には，このような経緯があったのである。(北川)

世界的な課題の共有
——国連，欧州（EU），OECDとともに

> ### 要点
>
> - 1950年代に工業国化，1970年代までに先進国に仲間入り
> - 1991年のソ連の崩壊により「西側化」，1995年にEU加盟
> - 教育も先進国共通の課題に取り組むことに

　前述のとおり，フィンランドはソ連への戦時賠償を足がかりとして，農業国から工業国への転換を目指した。賠償を通じて販路の開拓に成功したため，ソ連や東欧など東側諸国に対する工業製品の輸出が好調で，1960年頃には工業人口が農業・林業人口を上回った。その後も経済成長を続け，1969年にOECDに加盟する頃には，フィンランドの一人あたりGDPは世界のトップレベルになっていたのである（2,000ドル超。当時の日本とほぼ同じ）。

　1980年代に入り，経済成長はやや停滞ぎみになった。そのとき，東西冷戦が終結し（1989年），ソ連が崩壊する（1991年）。フィンランドは東側諸国と密接な経済関係にあったため，その経済は壊滅的な打撃を受けた。工場の東向け生産ラインは全て止まり，従業員は解雇された。GDPは40%近く落ち込み，失業率は20%を上回った。空前の大不況に陥ったのである。その一方で，ソ連の崩壊は政治的自由の獲得も意味したため，フィンランドは急激に「西側化（lännet-tyminen）」を図ることになった。ソ連崩壊の翌年1992年には欧州連合（EU）に加盟申請を行い，1995年にはEUの一国として経済の建て直しを図っていくことになったのである。

　このように，フィンランドは 1950 年代までに工業国化を果たし，1970 年代には先進国の仲間入りをすることとなった。その教育も，これまでのように大国の思惑や国内情勢に左右されるだけではなく，社会と学校の乖離，国際化，多様化，環境，グローバル化，異質性，複雑化，共生，知識基盤社会，生涯学習，持続可能な社会など，先進国共通の課題にも直面するようになった。これについては，第 2 章でも簡単に紹介したが，ここでは「多様性」，「生きるための知識と技能（生きる力）」，「生涯学習力」の三点について，国内情勢と世界的潮流とを関連づけながら，詳しくみていくことにしよう。

1　多様性

　フィンランドの教育における多様性とは，地域の多様性，児童生徒の多様性，学校の多様性，そして言語と文化の多様性を意味する。戦後の教育で最初に問題になったのは，地域の多様性と児童生徒の多様性だった。

(1) ● 地域の多様性と児童生徒の多様性

　第 2 章で述べたように，「教育課程 1970」（新制度の最初の教育課程）は，きわめて中央集権的な教育制度を体現するものだった。しかし，新教育制度をめぐる議論でも問題になったように，フィンランドでは，さまざまな意味で地域差が大きかったため，一律の規準を上から押しつけるのは無理があった。また，児童生徒の能力にも個人差があり，教師たちにとっては，一律の目標に向かって一律の方法で教えることには抵抗があった。とはいえ，当時のフィンランドでは政策全般が中央集権的であり，教育政策も例外とはされなかったのである。「どの地域でも同じ教育を受けられる」，「児童生徒の能力を上から一律に引き上げる」という（やや形式的な）平等主義から，中央集権的な教育政策が推し進められた。

　ところが，1980年代後半から，フィンランドの中央集権的な政策全般について，その不徹底ぶり，官僚主義，非効率性，多様性の欠如などが問題とされるようになる。さらに，同時期たまたま発生した大不況により（冷戦の終結とソ連の崩壊によるもの），中央政府は緊縮財政に追いこまれた。ここで中央政府としては，行政のスリム化をはかるためにも，責任を地方に押しつけるためにも，さまざまな決定権限を財源とともに地方政府に委譲せざるをえなくなったのである。これについても，教育政策も例外ではなく，地方分権と現場裁量の拡大が推し進められ，中央政府は大枠としての目標は示しつつも，地域の特性を生かしながら，そして児童生徒の特性も生かしながら「その能力を下から押し上げる」ことになった。この発想は現在まで受け継がれているが，のちに協働学習を進めるうえで，あるいは，支援を要する児童生徒や，異質な文化的背景をもつ児童生徒を学級に包摂していくうえで，役立つことになる。

（2）● 学校の多様性

　現場裁量の拡大は，学校の多様化をもたらした。現場裁量の拡大とは，教科指導における教師の裁量の拡大だけではなく，学校経営における校長の権限の拡大も意味したからである。学校のあり方を校長の権限で決められるため，学校は独自の「個性」をもつことになった。「個性」といっても，「数学重視」・「芸術重視」・「外国語重視」など，重点教科を設定するのが一般的である（学校の裁量で，重点教科の時間数を大幅に増やすことができる）。ただ，ある地方都市の基礎学校のように，モンテッソーリ教育を全面的に導入し，義務教育9年間にわたって学年も学級も完全に廃止してしまうという，極端な事例も存在する。

　学校の多様化には，負の側面もあった。「個性」が格差を生みだしたのである。学校選択が可能な地域では，魅力的な「個性」の学校に入学希望者が集中した。学校予算は児童生徒数に応じて比例配分され

るため，入学希望者の集まらない学校は，財政的に逼迫してしまうのである。また，予算の増額要求を通せるかどうかは，完全に校長の政治手腕にかかっていた。「学校の施設や設備を見れば，校長の手腕がわかる」といわれたものである。

(3) ● 言語と文化の多様性

　2004年版と2014年版教育課程基準の「母語」（日本の国語科に相当）の項目には，児童生徒の母語に応じた指導内容が記載されている。児童生徒の母語として挙げられているのは，公用語である「フィンランド語」と「スウェーデン語」に加え，「サーミ語」（准公用語），「ロマニ語」，「手話」，「その他の母語」[*4]である。児童生徒の母語に応じて，どの言語で，どのように母語教育を行うのかが変わるのである。その目的は「誰もが言語と文化に対する憲法上の権利を有することを理解し，尊重できるようにすること」。「憲法上の権利」とは，フィンランド憲法第17条「自らの言語と文化に対する権利」を指す。

　これについて，2004年当時，教育文化省で言語政策を担当していたフレデリク・フォシュベリ参事官は次のように説明してくれた。

　フィンランド憲法第17条は「言語権」について規定している。言語権とは，簡単に言えば「自分の使いたい言語を使うことのできる権利」ということだ。現在のフィンランドの学校では，例えば外国籍の児童生徒に対しても，特定の言語を禁止したり，フィンランドの公用語を強制したりすることはない。ただ，フィンランド社会で生きていくのであれば，フィンランド語あるいはスウェーデン語は必須である。学校には――実際には児童生徒に接する教師ということになるが，児童生徒個々の言語権を尊重しながら，公用語習得の意味と目的を理解させることが求められている。もちろん，公用語を習得していない児童生徒に対して，その児童生徒の母語による補習を行うなど，必要な支援をすることについても教育課程基準に

　定められている。

　フィンランドの学校において「言語権」を意識せざるをえなくなったのは，実際に「教室のグローバル化」が進みはじめた 2000 年代に入ってからである。それまでは，例えば外国籍の児童生徒に対して，教師が（フィンランド語を早く習得させたいという）善意のつもりで，その児童生徒の母語を禁止したり，フィンランド語の使用を強制したりすることも少なくなかったという。また，フィンランド社会においても，少なくとも 90 年代までは英語に対する苦手意識が強かったこともあり，「ここはフィンランドなんだから，フィンランド語を使え」という，独特の閉鎖的な国民性があった。だが，1995 年の憲法改正で，サーミ語，ロマニ語，その他の言語を母語とする人たちについて「自らの言語と文化を維持し発展させる権利」が認められたことにより，学校や社会の雰囲気も徐々に変化していったという。

　フォシュベリ参事官によれば，「教室のグローバル化」に対応するには，このような母語教育における配慮だけではなく，宗教教育（日本の道徳科に相当）における配慮も重要である。もともとフィンランドの宗教教育はキリスト教を基盤とするものであったが，現在では児童生徒個々の宗教に応じた教育を受けられるようになっている。また，宗教教育は拒否することも可能で，その場合は倫理教育を受けることになる。

　近年，シリア難民の受け入れなどもあり，フィンランドに移住する外国人の数は増加傾向にある。都市周辺の自治体の基礎学校では，外国籍の児童生徒の割合が高く，例えば，2018 年 3 月に訪問したエス

＊4　サーミ語とは，主としてフィンランド北部（ラップランド）に住むサーミ人の言語。サーミ人はトナカイの遊牧民族として知られるが，フィンランドに定住する人口は約 7000 人とされる。サーミ人は，フィンランド憲法によって，「フィンランドの先住民族」であることが認められている。ロマニ語とは，移動民族として知られるロマ人の言語。フィンランドに定住する人口は約 1 万人であるという。手話の使用者は約 5000 人で，そのうち数百人が手話を母語としていると考えられている。

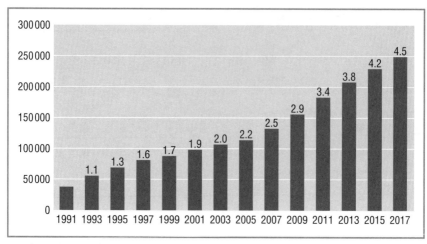

図5 | フィンランド在留外国人の人数と割合
▶「フィンランド統計局のデータ (2019)」をもとに作成

　ポー市立キルスティ小学校（Kirstin koulu）では，全校児童 350 名の
うち，85％ 以上が外国籍の児童であった。この小学校では，フィン
ランド語が少数言語になってしまったのである。外国籍の児童の母語
はさまざまであるため，言語権を完全に保障するのは不可能な状況と
のことだった。
　フィンランドは，他の欧州諸国とは異なり，労働力不足を移民労働
者で補うという政策はとっていないが，今後も移民の増加は続くと考
えられており，教育政策も含めて，さらなる現実的な対策が求められ
ている。

2　生きるための知識と技能（生きる力）

　第 2 章で述べたように，1970 年代の欧州では「学校と社会の乖離」
が問題になっていた。初等中等教育が大学の下部組織のようになって
いて，社会で役に立つことを教えていないというのである。フィンラ

ンドにおいては，1960年代までは複線型の学校制度をとっていたため，確かに進学コースは大学の下部組織であったが，職業コースは伝統的に「社会で役に立つこと」を教えることになっていた。ただ，1968年に新制度が始まると，旧制民衆学校・旧制市民学校・旧制中学校が基礎学校に統合されたため，進学を目指す者と，就職を目指す者が混在することになった。前期中等教育にあたる基礎学校7〜9年生では多少の混乱もあったというが，初等教育にあたる1〜6年生では「社会で役に立つことを教える」伝統は守られていたという。

　この時期の「社会で役に立つ」というのは，読み・書き・計算の基礎の徹底と，例えば算数であれば「学習した方法を使えば，牧場を囲む柵をつくるのに，1メートルの木材が何本必要か，事前にわかる」とか，国語で「学習した方法を使えば，役所に提出する書類を正しく書くことができる」など，学校で習得した知識や技能が「そのまま社会で使える」という意味合いが強かった。

　1980年代後半には，教科の知識・技能の背景に「横断的な力」「汎用的な力」があることに，目が向けられ始める。「横断的な力」「汎用的な力」の中で，特に重要とされたのが「考える力」である。それまでは教科学習の副産物とされていた「考える力」を，意図的かつ明示的に育もうとするようになったのだ。例えば，母語の読解（luetun ymmärtäminen）について，次のような指導法が導入された。

I　復唱の読み（toistava lukeminen）
　　文章中から答えの見つかることを問う。「いつ」「どこ」「誰」etc.
II　推論の読み（päättelevä lukeminen）
　　文章中から答えは見つからないが，読んで考えればわかることを問う。「なぜ」etc.
III　評価の読み（arvioiva lukeminen）

> 文章の内容や書きかたにつき，「好き／嫌い」「よい／悪い」
> などの意見を，復唱の読み，あるいは推論の読みによる根拠
> を示して述べさせる。

　興味深いことに，これは PISA の読解リテラシー（reading literacy）の問題類型「情報へのアクセス・取り出し」，「統合・推論」，「熟考・評価」と完全に一致するものである。

　かつて「フィンランド詣」でが繰り返されていた頃，「なぜフィンランドの子どもたちは PISA の読解リテラシーの点数がよいのか？」という問いに，フィンランドの教師たちが「昔から同じような問題をやっていたから」と答えていたことを思い出す。確かに「昔から同じような問題をやっていた」のである。

　教育課程基準 1994 には，第2章で述べたように，知識の量を増やすだけではなく，知識の「構造化」，「現実の問題への適用」，「構造の組織化」が重要であることが明記された（そのために指導事項を減らしたことが学力低下をもたらしたとして，あとあと批難されたが）。汎用的な力を見すえて，教科等横断的な学習が推奨されたのも，この時期のことである。協働学習も推奨されたが，グローバル化する時代においては，「協働すること」自体が「社会で役にたつこと」とされた。

　このあたりから，教科学力と，その背景にあるとされた「横断的な力」「汎用的な力」の関係の逆転が始まる。

　教育課程基準 2004 には，教育の国家目標の一つとして「生きるための知識と技能」が明記され，教科等横断的な資質・能力も示された。ただ，この時点では，資質・能力と教科の関連づけが明確ではなかった。現行の教育課程基準 2014 においては，7つの汎用的な資質・能力と教科の関連づけが明確に示され，さらに「教科とは，汎用的な資質・能力を身につけるための道具」と定義されたのである。

3　生涯学習

　「生涯学習（life-long learning）」という概念自体は，決して新しい
ものではない。

　1965 年のユネスコ成人教育推進国際委員会において，「永久教育
（éducation permanente）」すなわち「教育は人間が一生を通じて追求
しつづけるもの」との概念が示され，さらに 1972 年のユネスコ教育
開発国際委員会の報告書において，生涯教育／生涯学習は教育制度全
体の基本原理であり，未来の教育政策の基本理念にすべきとの考えが
示された。科学技術時代には，知識が常に更新されるため，意欲的に
知識を獲得し，主体的に考えることが必要となる。そのためには，教
育を学校で終わるものとしてではなく，学校教育（社会への準備とし
て学ぶ）と成人教育（社会生活を営みながら学ぶ）の一貫した流れと
して捉えるべきだというのである。

　OECD も，1969 年にスウェーデンのオロフ・パルメ教育大臣が欧
州教育大臣会議において示した「リカレント教育（recurrent educa-
tion）」（「reccurent」とは「周期的に起こる」というような意味合いで
ある）という概念を採用し，教育を若年期に集中させるのではなく，
生涯にわたって労働や余暇などの間に挟みこみながら分散して行うべ
き，と提唱している。

　そして，21 世紀の「知識基盤社会」，すなわち「新しい知識・情報・
技術が，政治・経済・文化をはじめ社会のあらゆる領域での活動の基
本として，飛躍的に重要性をます社会」においては，成人教育あるい
はリカレント教育がますます重要であるということだ。

　フィンランドの生涯学習については，フィンランド独特の「ラーニ
ング・トゥ・ラーン」という概念と，そのアセスメント，そして生涯
教育を支える教育機関が重要である。

(1) ● ラーニング・トゥ・ラーン

　「ラーニング・トゥ・ラーン（learning to learn）」というと，一般に「学びかたを学ぶ」と訳されるが，それだとニュアンスとしては「learning how to learn」の訳語に近い。フィンランド，さらには欧州における「ラーニング・トゥ・ラーン」は，学びの本質にかかわる，もう少し複雑な概念である。

　知識基盤社会においては，生涯教育を支える力として「学ぶ意欲」「学ぶ能力」が重要であるが，そのためには「何を教えるか」「何を学ぶか」という観点だけではなく，「どのように学ぶか」という観点が必要になる。「どのように学ぶか」を知るためには，「学ぶことそのものを，どのように学ぶか」を知らなければならない。この発想が，「ラーニング・トゥ・ラーン」の基本となる。

　フィンランドでは，「ラーニング・トゥ・ラーン」（フィンランド語で「oppimaan oppiminen」）を，「未知の課題に取り組む能力と意欲」「新たな状況に対応する能力と意欲」，「適応性があり，自律的な学び」，と定義している。ラーニング・トゥ・ラーンを一つの「汎用的な資質・能力」として，それを，能力＝認知面（基礎的な知識・技能・思考スキル）と意欲＝情意面（認知面を制御する態度や信念）の統合体として捉えているところが特徴である。

　未知の課題や状況に直面したとき，単に記憶を再生したり，知識をそのままあてはめたりしても対応できない。知識や経験を，未知の課題や状況に関連づけていく能力と意欲が必要となる。これを可能にするのは，知識や経験の活用と深化を自己制御する，認知面と情意面の統合的なシステムである。この統合的なシステムこそ，汎用的な資質・能力としてのラーニング・トゥ・ラーンだというのである。

　ラーニング・トゥ・ラーンの育成について，「教育課程基準2004」までは「さまざまな教科を通じて，統合的に育まれるもの」として，教科学習との関連づけは明らかではなかった。だが，「教育課程基準

2014」においては 7 つの「汎用的な資質・能力」の筆頭に挙げ（L1），全学年の全教科の目標や内容と関連づけている（第 2 章参照）。

　フィンランドにおいては，ラーニング・トゥ・ラーンを汎用的な資質・能力として示すだけではなく，そのアセスメントも全国学力状況調査の一環として実施している。

　第 2 章でも述べたように，1990 年代に教育の地方分権化と現場裁量の拡大が進められたが，それにより教育の質保証の懸念が生まれた。そこで全国学力状況調査（抽出式）を実施することになったのだが，当時の OECD や EU での議論を踏まえて，単に教科学力を測定するだけではなく，多様な学習成果を評価することについても検討された。検討の結果，導入することになったのが，ラーニング・トゥ・ラーンのアセスメントである。

　アセスメントの具体的な方法としては，認知面を測る多肢選択式問題と，情意面を測る心理尺度の質問紙によって，ラーニング・トゥ・ラーンを統合的に評価する。認知面については，論理的思考力（推論），数学的応用力，読解リテラシーの 3 つの領域で構成され，その正答率で示される。情意面については，「学びを支える態度と信念」，「学びの場に対する態度と信念」，「学びを妨げる信念」の 3 領域があり，1 ～7 の尺度で示される（1＝全くあてはまらない，7＝とてもよくあてはまる）。

　2015 年，筆者は，共同研究者の中川一史放送大学教授と新井健一教育テスト研究センター理事長とともに，埼玉県内の公立小学校とヘルシンキ大学の協力を得て，ラーニング・トゥ・ラーンのアセスメントを実施し，フィンランドと日本の児童の結果を比較分析した。次ページのチャート（図 6）は，その比較測定結果を示すものである。

　チャートはラーニング・トゥ・ラーンの総合結果を，左から，学校別，学級別，児童別に表したものである。チャート内の黒丸は，学校，学級，児童の成績を表している。横軸は認知面，縦軸は情意面で，認知面は右に行くほど高く，情意面は上に行くほど高い。つまり，汎用

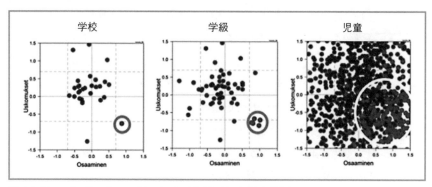

図6｜ラーニング・トゥ・ラーンのアセスメント総合結果
▶「Oppimaan oppiminen 2015, Helsinginyliopiston koulutuksen arviointikeskus」より

　的な資質・能力としては，チャートの右上に行けば行くほどポジティブで，左下に行けば行くほどネガティブということになる。
　日本の小学校の学校および各学級の成績が，円で囲われた黒丸で示されており，児童別のチャートにおいては，白い円で囲まれた領域に日本の児童の 80% が位置している。それ以外の黒丸は，フィンランドの学校，その学校内の各学級，学級内の児童を表している。
　これらのチャートから，日本の児童は，認知面に関しては正答率が高いことがわかる。学校別でみると，アセスメントに参加したフィンランドの基礎学校全ての成績を上回っている。ところが，情意面については，正反対の結果になっている。日本の児童は，認知面の成績はよいものの，情意面についてはフィンランドの平均を大きく下回っているのである[*5]。

(2)●生涯教育を支える教育機関

　次の**表5**は，フィンランドの教育を支える教育機関である。
　この表によれば，フィンランドでは約 540 万人の人口のうち約 190 万人が何らかの教育機関で勉強していることになる（ただし，重複して通うことも可能なので，正確な数は不明である）。そのうち資格や

表5 | フィンランドの教育機関

教育機関の種類	施設数	生徒数
基礎学校	2,576	520,800
特別支援学校	105	5,500
高校	374	115,400
基礎学校・高校一貫校	41	27,400
大学	14	166,300
軍事大学	1	900
職業学校	120	173,200
特別支援職業学校	6	5,000
職業専門学校	34	12,900
職業成人学校	25	36,500
消防・警察・公安職学校	1	300
軍事専門学校	13	—
職業大学校	27	144,800
音楽学校	87	64,500
体育学校	14	5,100
成人学校	78	22,000
市民教育センター	187	540,600
地域教育センター	10	29,900
夏期大学	20	35,200
その他の教育機関	7	500
合計	3,740	1,906,800

▶「フィンランド統計局のデータ（2014）」をもとに作成

　学位を目指して勉強しているのは約123万人であるという（フィンランドでは，就職してから休職あるいは退職して大学に通う例も少なくないので，大学も成人教育の一端を担っている）。フィンランドの学

---

*5　これについて詳しくは，拙著『学びの資質・能力 Learning to Learn』（中川一史・新井健一共著，東洋館出版，2018）を参照されたい。

校は無償が原則であるが，夏期大学や成人教育の講座によっては有料のものもある。

　最近では，こういった通学型の教育だけではなく，家や職場でも学ぶことのできるオンライン型の教育も増えてきた。例えば，ヘルシンキ大学はオンライン型の AI 学習コースとして，2018 年 5 月より，「Elements of AI」（https://www.elementsofai.com/）を公開している。これはフィンランド政府とヘルシンキ大学の共同プロジェクトで，とりあえず「フィンランドの人口の 1%（5 万人）に AI の基礎を教える」ことを目標としているという。実際，2018 年には約 6,000 人が受講した。これはフィンランド人だけではなく，世界中の誰でもコンピューターとインターネット環境さえあれば受講可能であり，最終的には「世界の人口の 1% に AI の基礎を教える」「フィンランドの人口の 25% が，AI を使って仕事ができるようにする」ことを目指しているという。(北川)

第4章

フィンランドの教育の「いま」

　3年間の視察記録を再構成し，フィンランドの教育の実態を詳細に紹介する。第1章では「実像」を包括的に紹介したのに対して，この章では「実態」を，訪問記のかたちで具体的に紹介する。

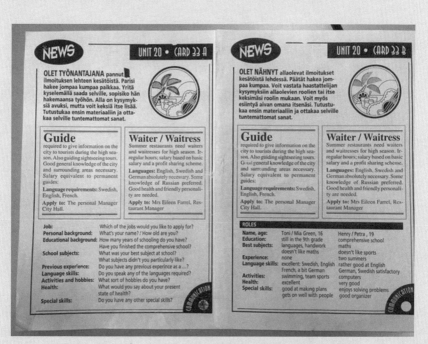

英語のロールプレイ用テキスト・9年生用（タピオラ中学高等学校）

第 1 節

フィンランド教育庁・学校訪問記

2016 年度調査

2016 年度調査の関心事項

- 新教育課程基準の実施状況
- 世界的に話題となっていた「フェノメノン・ベース」の授業の実態

1 教育庁訪問（2016 年 9 月 28 日）

● 教育庁専門官（教育課程基準担当責任者）との第 1 回懇談（抄）

──今般の教育課程基準の改訂は，どのような考えに基づいてなされたものですか。

エイヤ・カウッピネン専門官（以下『専門官』）：社会の変化に対応した教育にすること，そして，多様な子どもたちが，まずは自分の力で自分の価値を見いだし，多様な人生において多様な生きがいを見いだしていけるようにすること。そのために必要な力は何か，その力を育むために，学校教育はどうあるべきか。そういった考えが，教育課程基準改訂の背景にあります。ただ，現在の世界においては，社会の変化といえば，急激で予測不能な変化をする社会，多様化・複雑化・グローバル化する社会，持続可能な社会など，先進国共通のものですし，子どもたちの多様性を大切にするのも，世界的な風潮です。また，指導要領改訂にあたっては，我が国のこれまでの教

育改革の流れを踏まえながらも，OECD の Education2030 も参考にしました。その意味では，今般の教育課程基準改訂は，フィンランド特有のものとは，いえないかもしれません。

——具体的には，どういった点の改革を目指すものですか。

　専門官：第一に，教師の指導方法を変えることと，児童生徒の学習方法を変えること。第二に，その指導方法や学習方法に汎用性をもたせること，つまり学校でしか使えないものではなく，社会においても使えるようなものにすること。第三に，そのために学校の文化，指導と学習の文化を徹底的に変えること。第四に，時代の変化に対応して，さまざまな電子機器を学校にも導入すること。いずれも，過去の改訂において徐々に進めてきたことではありますが，今回の改訂で大胆な改革に踏み出すことになりました。

——これまでにも徐々に進めてきたとのことですが，改革の実施状況はどうですか。

　専門官：第四の点，つまり，電子機器の導入については順調に進んでいます。義務教育から大学にいたるまで，児童生徒・学生は紙と鉛筆の代わりに，PC やタブレットを使うようになりました。第一から第三の点については，まさに第三の点として述べているように，学校の文化の改革を迫るものだから，教師や保護者の抵抗もあるし，児童生徒にはとまどいもあるようです。

——学校の文化を変える，指導と学習の文化を変えるというと，最近，フィンランドのフェノメノン・ベース学習が話題になっていますが，そのことですか。

　専門官：最初に断っておきますが，「フェノメノン・ベース学習（ilmiöpohjainen oppiminen）」という言葉は，新教育課程基準にも記載されていませんし，教育庁が指導や学習の方法として奨励している

ものでもありません。新教育課程基準で強調しているのは，教師は，社会で必要とされる力──今回，これを「7つの資質・能力」（p.60参照）として定義したわけですが──を意識して指導すること，教科の背景にある汎用的な力を意識し，複数の教科を関連づけながら指導すること。また，児童生徒が自ら問いを立て，問題を見いだし，課題を設定して，意欲をもって解決できるようにすること。そして，そういった指導と学習が総合的になされるような機会を，一年間に最低一回は設けること──これだけなのです。

　前回の教育課程基準改訂（2004年）から，改訂作業のプロセスを公開するようになり，改訂内容についてパブリック・コメントを求めるようになりました。実際，今回の改訂についても，多数のコメント──ほとんどは学校の教師たちのものでした──が寄せられました。また，改訂内容について，教職員組合や教科別教師団体などで，さまざまな議論がなされました。「フェンメノン・ベース学習」という言葉は，そういった教師たちの議論の中で生まれてきたものと認識しています。「フェノメノン・ベース学習」というと，一般に「児童生徒がそれぞれ自分で自由にトピックを見いだし，教師はそのトピックに教科を関連づけながら学習を支援する」と解釈されているようですが，少々行きすぎた解釈のように思いますし，そういった指導と学習の方法を一律に押しつけるものではありません。

2　学校訪問

(1) ●ラハヌス基礎学校（Lahanuksen koulu）2016年9月27日

校長：マリッタ・ヒルセーン　　児童数：117名

- ヘルシンキに隣接するエスポー市郊外の公立基礎学校（ただし，初等教育のみ）。

① 新教育課程基準に関する校長談話

- 40年の教師経験から，子どもの本質は変わっていないと思う。変わったのは社会だ。
- 社会が便利になり，過保護になったためか，生活に根差した問題解決能力が落ちた。
- 新教育課程基準はテストの点数だけでではなく，行動や態度も評価する。そのことが，テストの点数だけで評価されてきた保護者たちに不安を与えている。保護者には形成的評価と総括的評価の違いがわかりにくい。1994年版教育課程基準のときも，同じ改革をやろうとして大きな反対にあい，結局はうまくいかなかった。学校から保護者に，うまく説明していく必要がある。

② フェノメノン・ベースの授業に関する談話（校長＋管理職教師）

- 本質は，これまでの「総合的な学習」と変わらない。そもそも，全ての授業をフェノメノン・ベースにするのではなく，年に一単元程度の実施が義務づけられているだけだ。
- 教科を出発点とするのではなく，自然や社会の事象を出発点として，そこに児童が「教科の知識に根ざした」問いを立てる。これは，既に総合的な学習でもやってきたことだ。
- ポイントは，トピックの選択を子ども任せにしないこと。そして，社会を意識すること。「子どもは子どもとして社会を生きる」という観点が重要だ。

③ 授業見学

●5年生　母語（文法）

句読法や複合語の構成に誤りのある文章を読み，誤りを指摘して正しく直す活動。ワークブックによる個人作業。教師は机間指導のみ。

●6年生　フェノメノン・ベースの授業

史跡見学（スオメンリンナ要塞）から問いを立て，文化や歴史の背

景にある概念や原理を見いだす活動。個々人がコンピューターを用い
て，必要な情報を検索し，最終的に画像や図表などを駆使した作文に
まとめる。教科としては，歴史・社会・母語・ICT が関わる。全て個
人作業で，教師は机間指導のみ。

●6年生　生物

　アメリカの教育ソフトを活用し，クイズ大会形式で生物の基礎知識
を学ぶ活動。

(2) ● パハキナリンネ基礎学校 (Pähkinärinteen koulu) 2016 年 9 月 28 日

校長：ティーナ・カルッカイネン　児童数：440 名

- ヘルシンキに隣接するヴァンター市郊外の公立基礎学校（ただし初
  等教育のみ）
- 今回の学校訪問では，授業見学をするのではなく，放課後にフェノ
  メノン・ベースの授業について，同校の教師たちと意見交換を行っ
  た。

① フェノメノン・ベースの授業について（教師たちの談話）

- （若手の教師より）2000 年代に教員養成課程で指導を受けた学生は

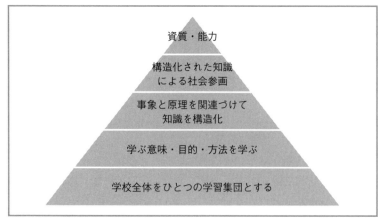

図7｜パハキナリンネ基礎学校におけるフェノメノン・ベース学習の段階表

みな，大学でフェノメノン・ベース学習の指導方法を学んでいる。

- 旧来の総合的な学習と同じという教師もいれば，違うという教師もいる。ただ，いずれにしても，基礎的な知識がないまま，児童が自分でトピックを見いだしても無意味だという意見が多い。その意味では反対派が多いといえるかもしれない。

- 変化の激しい時代，特に技術が急速に発達する時代においては，自ら学び続ける必要があるから，こういった学習スタイルが必要なのだろう。近年，「学校で学んだことは，社会では何の役にも立たない」という風潮があるから，学ぶ意味や目的を再確認する意味でも，こういった学習スタイルは必要だと思う。

② 実践事例紹介

- 各学年3学級あり，原則として学年で共通テーマを設ける（これは教師が決定）。

- フェノメノン・ベースの授業の実施期間は4週間程度。週に3〜4時間程度，関連する教科の授業を，フェノメノン・ベースの授業とする。

- 2年生：学年全体の共通テーマは「フィンランド文化」。文化に関わる本を読んだり，大人の話を聴いたりするなどして，自分でトピックを見いだす。トピックについて，調べたことを発表する。

- 3年生：学年全体の共通テーマは「（学校の横にある）森と池」。理科で学んだ知識と観察の手法により，自分でトピックを見いだす。トピックについて調べたことを発表する。

- 5年生：学年全体の共通テーマは「森」「キノコとベリー」「料理」。自然観察から問いを立て，トピックを見いだす。トピックについての調査日誌をつける。

- 6年生：学年全体の共通テーマは「オーストラリアの地理と文化」。基礎的な知識を学んだうえで，自分でトピックを見いだし，調査してレポートにまとめる。調査方法やレポートのまとめ方については，

必要に応じて教師が助言する。

③ 実践した教師たちの所感

- 児童が積極的に学ぶ姿が見られた。そのことは保護者たちも評価している。

- 一般に児童はこの学習方法を好むが，不慣れなために嫌う児童もいる。

- 森の中を自分たちで動き回ることが多かったため，自分の行動に責任をもち，安全に配慮するようになった。

- 基礎的な知識を生かせずに探究すると，結局は活動だけで終わってしまい，何も残らない。その意味で，６年生の実践は失敗だった。きちんと基礎的な知識を教えたつもりだが，探究においてはほとんど生かされなかった。

- この方法は，むしろ教え込むことを増やしたほうが効果的かもしれない。必要な内容はきちんと教えておいたほうが，明らかにトピックを見いだしやすい。

（3）● ヘルシンキ大学附属中等教育学校 (Helsingin normaalilyseo) 2016年9月29日

校長：タピオ・ラハテロ　生徒数：中学290名　高校245名

- ヘルシンキ市内都心部にある，教員養成学校を兼ねた，国立の中等教育学校。

- 日本でいう中学校＋高校だが，一貫校ではなく，評定平均9.0以上という選考をパスしなければ高校には進めない。

① フェノメノン・ベース学習について（ヤーナ・シルヴェンノイネン副校長の談話）

- 同様の学習方法は30年以上前からある。80年代から90年代にかけて「下から上への教育」が強調された時期だ。当時は「トピック学習」と呼ばれていた。自分もオウル（フィンランド北部の都市）

の中学校で実践したものだ。ただ，教科の基礎の定着という観点からすると，あまりにも効率の悪い方法であったため，90 年代後半には廃れてしまった。

- 今般のフェノメノン・ベース学習も，手法としては 30 年前のものと同じだが，新教育課程基準が多様な人生の ^{Q}Well-being（ウェル・ビーイング，**図 14**，p.194）を重視するものであること，学校文化の変更を迫るものであることなどを考えると，教師の側が発想を大きく変える必要がある。特に教科に縛られた発想を変えなければならないが，教科担任制の中学・高校では，それがいちばん難しい。小学校の教師に比べて，中学校の教師は改革に参画する意欲が低い。高校の教師の意欲は，さらに低い。
- フェノメノン・ベースの授業づくりの原則は，複数教科の教師が統合的に授業をつくること。必要な知識や方法はきちんと教えること。探究活動は，生徒の問いを出発点とすること。生徒たちが，教師から専門的な知見を得ることにより，討論を重ねて，価値のある問いを育てていけるようにすること。
- 本校では，2 年後の完全実施を目指して，フェノメノン・ベース学習の体制づくりを進めている。具体的には，教科等横断的な教師集団をつくり，複数教科を統合した学習コースをいくつも設定して，生徒が興味関心に応じてコースを選択する仕組みだ。コースのテーマ設定は自由だが，以下の 3 つの原理に基づくものでなければならない。

  1　多面的・多角的な思考を育むものであること
  2　分析的・探求的な技能を育むものであること
  3　教育課程基準に示された資質・能力と関連づけること

- 現時点では，例えば「西洋文明」（歴史・社会・文学・メディア・芸術などの統合），「リスク管理」（生物，物理，工学，心理学，社会学などの統合）などといったコースの企画が上がってきている。

② 授業見学（高校は高校修了資格認定試験中のため授業なし）

●8年生（中学2年生）　生物

　テスト前の自習。自習の方法としては，確認テストの自己評価（何をまちがえたか・なぜまちがえたか）と復習。ワークブック掲載の「テスト予想問題」を解くなど。教師は，生徒の質問に応えて，必要な指導をする。ただし，質問は「何？」の質問，つまり事実を問う質問ではなく（この質問をした場合は『自分で調べなさい』と指導する），「どういうこと？」「なぜ？」といった，事象と原理を関連づけるような質問でなければならない。

　解剖の実演。教師が小鳥の解剖を実施し，生徒はそれを観察する。ノートはとらない。

2017 年度調査

2017 年度調査の関心事項

- 新教育課程基準の実施状況と反響など
- 学習評価のあり方

1　教育庁訪問（2018 年 3 月 19 日）

● 教育庁専門官（教育課程基準担当責任者）との第 2 回懇談（抄）

——新教育課程基準の実施状況はいかがですか。

エイヤ・カウッピネン専門官（以下『専門官』）：世間の反響が大きくて驚いています。残念ながら，ほとんどの反応は，きわめて否定的なものでした。マス・メディアは「全く機能しない教育課程基準」「子どもたちをダメにする教育課程基準」と叩いていますし，教師たちは資質・能力の評価にとまどって「人間性を査定しろというのか？」と反発していますし，保護者たちは「評価の方法が変わると，高校の選考基準も変わるのではないか。前の点数だけの評価に戻してほしい。」と不安を表明しています。ただ，こういった反応は，ある程度は想定していました。学校の文化を改革するというのは，これほどまでに大ごとなのです。とりあえず私たちは，じっくりと丁寧に説明を繰り返して，誤解を解いていかなければなりません。

——学習評価が問題になっているようですが，どのような点が問題になっているのですか。

専門官：教科には教科の評価があり，資質・能力には資質・能力の評価があるということ。その点の理解が徹底しないことが問題です。教科の評価については，今までと変わりません。教育課程基準に示

された目標に到達していれば，評価点「8」となる。高校進学にせよ，大学進学にせよ，選考基準となるのは数字だけであって，それ以外の要素は考慮しない。特に変更はないのだから，評価方法にとまどう必要もなければ，進学について不安になることもありません。一方，資質・能力の評価は，いわゆる形成的な評価であって，教師が一方的に「値踏み」するものではなく，教師—児童—家庭の相互作用の中で「追跡」するもの，あるいは「見守る」ものです。教師が「資質・能力」という観点で児童生徒をみること，同時に児童生徒自身が自己評価して「自分はこんなにできるようになった」，「ここをもっとがんばろう」と思うことが重要なのです。こういった性質のものですから，資質・能力の評価が，そのまま進学に影響することはありません。保護者が不安に思う必要はないのです。

2　学校訪問

(1)● オラリ中学高等学校 (Olarin koulu ja lukio) 2018年3月19日

校長：マルコ・リッポネン　生徒数：中学280名　高校365名
- ヘルシンキに隣接するエスポー市の公立基礎学校（中等教育のみ）
- 高校。中高一貫校ではなく，評定平均8.5以上，あるいは入学選考に合格することによって高校に進学できる。理数科（普通科よりも選考基準が厳しい）を設けていることが特色。

① 学習評価についての校長の談話
- 中学の成績は進学に直結しているため，教育課程基準の到達目標を基準として公平性が保たれている（4〜10の7段階評価で，到達目標に到達していれば8となる）。しかし，高校は，高校時代の成績は進学にも就職にも全く影響しないため（修了資格認定試験の成績のみが選考の対象となる），必ずしも公平とはいえない。

- 高校でも統一学力テストを実施すればよいという意見もあるが，そういったテストを導入すると，おそらく高校の授業はテストのための勉強になってしまうのでよくない。実際のところ，現在の高校の授業でも，修了資格認定試験で点をとるための勉強になってしまっているものがある。
- 今回の教育改革では，多様な学習成果を評価するという観点から，資質・能力についても評価が求められているが，教科学力についても教師まかせになっている現状では，ますます教師の個人的・主観的な評価になることだろう。
- 本校では，中学の評定平均だけで入学選考するシステムには，一長一短があると考えている。評定平均だけをみていると，飛び抜けた才能を見落としてしまう可能性がある。ジェネラリストばかりで，スペシャリストが生きにくくなってしまう。そのため，本校では，中学の評定平均による選考か，理数系科目だけの入学試験を受けるかを選択できるようにした。今後，こういった動きは広まっていくと思う。

② 授業見学

● 8 年生（中学 2 年生）　化学

モル計算についての授業。教師が実験の動画を流したり，パワーポイントのスライドを使いながら説明したりする，一斉授業スタイル。板書はなく，生徒もタブレット（電子教科書が入っている）を持っているだけで，ノートに何かを書き写すことはない。

　▶中学（義務教育）ではタブレットは学校のものを貸与。高校では自分のものを使う。

● 7 年生（中学 1 年生）　化学

実験手順の正誤を問う課題が前時の宿題になっており，その答え合わせ。紙の教科書もノートもなく，全てタブレットの画面上で進められる。単なる答え合わせではなく，学級全体の意見を募りながら，全員で正答を見いだしていく学習スタイル。

▶教師が生徒に投げかけるべき質問や，紹介するべき事例は，全て教師用指導書に書かれている（一般に教師は教室で指導書を見ながら指導する）。質問や事例はよくできている印象だが，よくできすぎているために教師の指導力が落ちているとの指摘もなされている。

実験の手順はタブレット内の電子教科書に記載されており，生徒はタブレットを見ながら実験を進める。実験の結果も，タブレット内の電子ワークブックに記録する。

▶一般に，中学では，おおむね1〜2週間で1単元，修了時に単元確認テストを実施する。単元確認テストの結果が，教科の成績評価の資料となる。高校では，7週間1コースで，最終週に修了テストが実施される。このテストは単位取得のためのテストであり，必修コースの場合は，テストに落ちると再履修となる。

(2) ● タピオラ中学高等学校 (Tapiolan koulu ja lukio) 2018年3月20日

校長：ヘイッキ・ピヒカラ　生徒数：中学378名　高校500名

- ヘルシンキに隣接するエスポー市の公立基礎学校（中等教育のみ）
- これまでの学校と同じく，中高一貫校ではない。中学でも，高校と同じく一校時75分間であるのが特色（一般に中学は一校時45分間）。
- オラリ中学高等学校と同じく，高校の入学選考において，評定平均による選考か，入学試験による選考かを選択できる。
- 中学・高校ともに音楽教育に力を入れており，中学から普通科と音楽科にわかれている。高校の音楽科に入るためには，音楽の試験に合格しなければならない。

① 学習評価に関する教師たちの談話

- これまでは教科学力について点数だけで評価していればよかったが，今回の教育課程基準から「資質・能力」という観点で，パフォーマ

ンスも評価しなければならなくなった。これまで，やったことがないので不安だし，自分の主観だけで評価してよいのか迷う。

● 自治体（エスポー市）からは，パフォーマンスは5段階（1〜5）で評価し，教師による評価と，生徒自身による自己評価を統合すべし，との指針が示されている。教科の指導項目ごとに，7つの資質・能力のうち，どれが関連しているかも示されている。ただ，何をどうすると1になり，何をどうすれば5になるのかの定義がないので，困っている。

② 授業見学

● 音楽科7年生（中学1年生）　英語

授業は全て英語で行われる。

視聴覚室で全員がヘッドセットを装着して発音の練習。教師—生徒全員，教師—生徒個人，生徒—生徒でヘッドセットを通じて英語で話す。

PCを活用して，ニュージーランド観光について調べ，観光プランをつくり，GoogleMapを使って旅行ルートを書き込んでいく活動。全て個人作業で，教師は机間指導のみ。

● 普通科9年生（中学3年生）　英語

授業は全て英語で行われる。

リスニングと読解。画面に文章が現れ，それを音声が読み上げる。読み上げの速さは，いわゆるナチュラル・スピード。一回聴いて，読解課題に取り組む。課題には，情報の取り出しだけではなく，内容に関わる推論（統合・解釈）も含まれる。

企業の採用面接を模した活動。ペアで面接官役と応募者役になりきり，英語による模擬面接を行う。面接官役の生徒には採用条件が記された紙，応募者役の生徒には応募者の希望・技能・資格・経歴などが記された紙が渡され，設定どおりに役割を演じる。教師は机間指導のみ。

PC を用いて履歴書と就職志願書（job application）を書き，Goo-gleClassroom に投稿する活動。履歴書や志願書のフォーマットは，電子教科書に掲載されているものを使ったり，インターネットで検索して利用したりしていた。個人作業で，教師は机間指導のみ。

▶8 年生と 9 年生のときに，2 週間の職場体験学習がある。8 年生のときから体験先となる職場は自分で探し，志願書を送り，面接を受けて，実習生として「採用」されなければならない。近年，フィンランドの都市部では，英語ができなければ就職できなくなっており，職場体験の採用面接も英語で行われることもあるという。

（3）● ラハヌス基礎学校（Lahanuksen koulu）2018 年 3 月 21 日訪問

- 2016 年度も訪問した，エスポー市の公立基礎学校（初等教育のみ）。

① 新教育課程基準と学習評価に関する校長の談話

- 40 年の教師生活で，4 回の教育課程基準の改訂を経験した。その経験からしても，今回の改訂は大改革だと思う。ただ，極端な解釈をしないことが肝要。一部の教師は「全てを児童まかせにして，教師はできるだけ教えないようにするべき」と解釈しているが，教えるべきことを教えなければ何も始まらない。

- 学習評価について，教育庁が言うように，教科には教科の評価があり，資質・能力には資質・能力の評価がある。それを混同してはならない。保護者の中には，高校修了資格認定試験に，資質・能力の評価が組み込まれると誤解して不安になっているが，高校修了資格認定試験は教科の評価，点数だけの評価である。また，教師の中には，資質・能力の評価を，生まれつきの気質の評価と誤解して尻込みしたり，個人的な好みで評価したりする者がいる。そのため，担任の教師と保護者の衝突が絶えない。保護者に対して，きちんと説明すると同時に，教師に対しても，正しい解釈の徹底を図る必要が

ある。

- 新教育課程基準では，多様な学習成果の評価が求められている。そのためには，教師も児童を多面的に見なければならない。これまでは，数字での評価に安住してきた。それは，ある意味で公平な評価であり，何よりも楽な方法だからだ。

- 子どもを成長させるための評価と，子どもに点数をつける評価を分けて考えなければならない。これが資質・能力の評価と，教科の評価の違いである。どちらの評価についても，保護者は自分の子どもが低く評価されることを恐れている。資質・能力の評価が低いと人格が否定されたように感じるし，点数の評価が低いと進路が狭まってしまうからだ。

- 保護者の理解を得るために，そして何よりも児童の成長のために，学習評価に関わる面談は重要である。法的には年に二回の面談が義務づけられているだけだが，本校では可能なかぎり多くの面談の機会をもつようにしている。教師と保護者は「全ては子どものため」という点で一致しているのだから，しっかりとした人間関係さえ構築できれば，ほとんどの問題は解決する。

② 授業見学

● 1 年生＋ 4 年生合同　母語

　1 年生と 4 年生がペアをつくり，協働して物語を創作する活動。1 年生がアイデアを出し，4 年生は，そのアイデアを使い，寓話の型に従って，PC で物語を書いていく。

- ▶ フィンランドの母語の教科書では，3 年生・4 年生で徹底的に寓話の型を学ぶことになっている。もっとも基本的な型は「問題解決型」（登場人物が問題に直面し，解決への挑戦を 3 回繰り返して，3 回目に成功すれば喜劇，失敗すれば悲劇という型）で，この授業においても，ほとんどの児童は問題解決型で物語を書いていた。型が決まっているため，4 年生は 1 年生に「どんな悪者がでてき

た？」「どうやって悪者をやっつける？ 1回目は失敗するんだよ」
と，型に従ってアイデアを求めていた。

▶ラハヌス基礎学校では，全ての週にテーマが設定されている。この週は「物語の週」ということで，全ての教科を「物語」に関連づけたかたちで指導することになっている。しかし，新教育課程基準の下では，「週ごとのテーマを学校（教師）が決めるのはよくない，児童に決めさせるべきだ」との声が強く，現状の週ごとのテーマ設定も廃止するかどうかの岐路に立たされている。ヒルセーン校長は「教師が枠組みをしっかりと考え抜いてつくり，枠組みの中身を児童が自由に決めていくのが本道。週ごとのテーマは枠組みにすぎない」と主張している。

● 2年生＋3年生合同　英語

ワークブックを使った自習。英語で書かれた物語の中に，文法の課題が組み込まれている。個人作業で，教師は机間指導のみ。

● 5年生　算数

各人がPCでゲームをしながら算数の課題を解く活動。主人公が問題に直面し，その問題を解くことで次の場面に進むことができる――というゲーム。教師は要支援の児童たちと，大画面にゲームを映し出しながら，一緒にゲームを進めていた。

● 委員会活動

ラハヌス基礎学校では，毎週水曜日に30分間の委員会活動が行われる。委員会は，生徒会，図書委員会，環境委員会の3つ。委員は，各学年（単級）から2名ずつ選出される。委員以外の児童は，委員会活動の間は「読書の時間」とされており，各々読書にいそしむ。委員会の議事は5年生と6年生が進行するが，1年生や2年生も発言の仕方や議論の進め方を学ぶために参加している。

生徒会――学校行事で何をするかを決定

環境委員会――給食の食べ残し，食べたまま片づけないことについて議論

図書委員会──「物語の週」のファイナルイベントを何にするかについて議論

(4) ● ハメーンキュラ基礎学校 (Hämeenkylän koulu) 2018 年 3 月 20 日

校長：パシ・マヤサーリ　児童生徒数 700 名

- ヘルシンキに隣接するヴァンター市の公立基礎学校。
- 数学，母語，自然科学，音楽で，最優秀学校賞を 2 年連続で受賞。
- マヤサーリ校長はメディアでの露出も多く（日本のテレビ番組に出演したこともあるとのこと），フィンランドでは有名人。
- ハメーンキュラ基礎学校も特異な教育方針で知られており，実績もあげていることから，国内からの視察も多い。

① 特異な教育方針について（校長の談話）

- 学級や教室という概念を廃止し，「学習拠点」という概念を創出。
- 複数教科を統合した指導。ただし，トピックで統合するのではなく，関連する資質・能力で教科と教科を結びつけるのが肝要とのこと。
- 「大人数学習」の導入。75 名の生徒に対して，3 名の教師が同時に指導するスタイル。
- 校舎内には，大人数学習拠点（75 名用），中人数学習拠点（50 名用），通常学習拠点（25 名用）の 3 つのほか，グループ学習拠点や個人学習拠点などがある。
- 必修科目の時間節約による，自由選択科目の大幅な増加。「大人数学習」の導入により，通常なら 3〜4 学級にわけて実施する授業が一度にできるため，自由選択科目を増やす時間的余裕が生まれた。

② 新教育課程基準と学習評価について（校長の談話）

- 教育課程基準の改訂には，教師から歓迎されるものと，歓迎されないものがある。要は，教師の負担が減る，あるいは現状維持であれば歓迎され，教師の負担が増えるのであれば歓迎されないというこ

と。今般の改訂は，これまでで最も歓迎されない改訂である。

- 新教育課程基準は時代の変化を踏まえたものということだが，「時代の変化に対応する」とは，教師にとって未知の課題に取り組まなければならないということ。教師たちが不安になるのも当然であり，その不安に対応できなければ，この改革はうまくいかない。

- 新教育課程基準は，生徒にとっても厳しいものである。自分で問題を見出し，解決の手段を見いだし，解決していかなければならない。教師が先回りして手助けしてくれることに慣れている生徒にとっては，怖くて逃げだしたくなるような改革である。

- 学習評価には，変更可能な部分と変更不可能な部分がある。進学のために点数で序列化する評価には批判も多いが，これは少なくとも現時点では変更不可能な部分である。だから，現時点では，進学を希望する生徒たちには，テストでしっかりと点数を取っていけるように指導しなければならない。

2018 年度調査

2018 年度調査の関心事項

- これまでの調査の総括としての調査
- 校務管理システム Wilma（ヴィルマ）の具体的な活用法

1 教育庁訪問（2019 年 3 月 20 日）

● 教育庁専門官（教育課程基準担当責任者）との第 3 回懇談（抄）

（2017 年度・2018 年度とお話をうかがっていたエイヤ・カウッピネン専門官も出席予定だったが，急な用務により欠席となった。）

――昨年度のお話では，新教育課程基準には否定的な反応が多いとのことでしたが，その後はいかがですか。

マルヨ・リッサネン専門官（以下『専門官』）：丁寧に説明したかいがあったのか，少なくとも現場の理解は進んだと思います。教育課程基準の編集方針にも，今頃になってようやく肯定的な評価をいただけるようになりました。具体的には，これまでの教育課程基準では，教科ごとに各学年の到達目標を示していたのですが，新しい教育課程基準では学年ごとに全教科の到達目標を示すようにしました。教科を別個に指導するという観点からすると，教科ごとに全学年を表記したほうが便利なのですが，教科等横断という観点からすると，学年ごとに全教科を表記したほうが便利なのです。

その一方で，教科と資質・能力の関連づけが曖昧との指摘もいただいています。自治体や学校の裁量に任せる部分を多くしたため，国と自治体の方針のずれ，学校による指導内容の違いが，これまで以上に拡大しているとの批判もあります。自治体や学校によっては，

　　資質・能力の評価について，教師―家庭―児童生徒の相互作用が，
　　全く機能していないとの苦情もあります。どの自治体からも，新教
　　育課程基準への移行に向けて，もっと時間と予算をほしいとの声が
　　上がっていますね。ただ，昨年度までのような感情的な批判ではな
　　く，建設的な批判や具体的な要望が増えていることからも，一定の
　　理解が進んだものと解釈しています。

――教科と資質・能力の関連づけ，そして，依然として学習評価が問題
　　になっているようですが，現場の理解を促進するために，どういっ
　　た説明をされていますか。
　専門官：教科と資質・能力の関連づけが曖昧と批判されていますが，
　　教科の指導内容や到達目標と，7つの資質・能力のいずれかを直線
　　で結びつけるような関連づけをしようとすると，かえって理解は遠
　　のきます。資質・能力とは，教科群とは距離をおいたところ，メタ
　　的なところにあって，教科群全体に浸透するように関係するものな
　　のです。肝心なのは，ちょっと言葉はきついかもしれませんが，学
　　校教育で育成すべきものは資質・能力であって，教科は道具にすぎ
　　ないということ。算数のここで第1の資質・能力を育成し，社会科
　　のここで第2の資質・能力を育成する――というのではなく，全教
　　科を通じて，学校全体で，学校教育の全期間をかけて，7つの資質・
　　能力の全てを育んでいくということです。

――高校進学や大学進学にも関わるためか，保護者の不安もまだまだ大
　　きいようですね。どのように説明されていますか。
　専門官：少し難しいかもしれませんが，教育の本質を丁寧に説明する
　　ようにしています。何よりも大切なのは，児童生徒自身が自分の価
　　値を自分で見いだし，自分の人生を切り開いていけるように，自己
　　認識・自己評価・自己決定できるようになること。そのための教育
　　課程基準改訂なのだと伝えています。資質・能力の評価にあたって

は，児童生徒の自己認識や自己評価だけではなく，保護者の思いも聴取することになっていますので，教師に年2回の実施を義務づけている「評価面談」が重要ですね。児童生徒の自己認識・自己評価・自己決定も大切ですが，それを教師と保護者の相互作用を通じて支援していくことも大切なのです。

2　学校訪問

(1)● マルティンラークソ高校 (Martinlaakson lukio) 2019年3月19日

校長：マルメ・スランデル　生徒数：470名

- ヘルシンキに隣接するヴァンター市の公立高校。
- 理数科と普通科がある。理数科は入学希望者に評定平均9.3以上を求めており，全国的にみてもトップレベル。

① フィンランドの高校の授業形態についてのまとめ

- 高校の授業は，原則として7週間（これを1ターム《jakso》という）で完結する「コース (kurssi)」として提供される。
- どのコースも，原則として週3回の授業がある。1回の授業時間は75分である。
- コースは教科別に設定されているが，コースの名称は「英語」「物理」「数学」といった教科名ではない。例えば，英語であれば「Culture, Art, Literature」「Natural Science」というように，授業でとりあげるテーマがコースの名称として用いられている。
- どの教科についても，必修コースと選択コースがある。
- 1コースを1単位とし，75単位以上の取得が卒業の条件となる。
- タームの最終週は，修了テストにあてられることが多い。修了テストに合格しなければ，単位は取得できない。必修コースを落とすと，再履修となる。

- 1年度あたり5タームあり，1タームあたり6コース程度を受講するのが一般的である。順調に単位を取得すれば，2年半で必要単位を取得することも可能である（1年目に30単位取得＋2年目に30単位取得＋半年で15単位取得）。ただ，ほとんどの生徒は，3〜4年で卒業に必要な単位を取得している。卒業に必要な単位を取得し，高校修了資格認定試験に合格することによって，高校修了資格が与えられる。

- 生徒は自分の時間割は自分で組まなければならない。必要に応じて，担任の教師や進路指導員が助言を与える。

  ▶フィンランドの高校は単位制のため，「〇年〇組」というような所属学級は存在しない。ただ，例えばマルティンラークソ高校の場合，30名程度の生徒で構成される「ホームグループ（kotiluokka）」があり，担任の教師がつく。担任の教師は週1回ホームグループの会合を開き，学校からの連絡事項を伝達したり，必要に応じて相談にのったりする。同様のシステムは，どの高校にも存在する。

② マルティンラークソ高校の特色

- 表現力の向上を図るため，DE（演劇教育）に力を入れており，1年目の生徒に演劇コースの履修を奨励している。必修ではないが，ほぼ全員が履修しているとのこと。

- 電子化が進んでおり，学校図書館に，いわゆる「紙の本」はほとんど存在しない（あったのは，電子化されていない旧版の教科書のみ）。

- 全てのコースにおいて，原則として電子教科書を使うことになっており，生徒は教科書へのアクセス権を買わなければならない。教科書1冊につき，1年間のアクセス権は1〜3ユーロ，3年間のアクセス権は15ユーロ程度。同じ教科書を，紙の教科書で買うとなると，20〜40ユーロ程度はかかる。

  ▶フィンランドの義務教育では教科書やPCやタブレットは無償貸与だが，高校以上では自分で買わなければならない。

(2) ● パハキナリンネ基礎学校 (Pähkinärinteen koulu) 2019 年 3 月 20 日

- 2016 年度にも訪問した，ヴァンター市の公立基礎学校（初等教育のみ）。
- 今回は，これまでに訪問した学校全てで用いられていた校務管理システム Wilma について，同校のトピアス・カレイネン先生（6 年生学級担任・情報専科）から，具体的な使い方を教えていただいた。

① Wilma とは

　　Wilma とは，ノルウェーの Visma 社が開発した校務管理システムであり，フィンランドの学校で，最も広く用いられている。フィンランドでは，Wilma のほか，Helmi というシステムも使われている。どのシステムを用いるかは，学校の設置者である自治体が決定する。

② Wilma の機能

- 時間割の作成と管理：全ての時間割はシステム上で作成され，管理される。これにより，特定の時間に，誰が，どこの教室で，何の勉強をしているのかを確認することができる。
- 出欠の管理：特定の児童生徒が，何月何日の何時間目に出席したかどうか。欠席した場合の理由は何かが，全て記録される。
- 学習評価の記録：テストの成績，資質・能力の評価の記録に加え，日々の行動評価の記録。
- 成績証明書の作成：必要事項を入力しておけば，ほぼ自動的に成績証明書が作成される。成績証明書は，児童生徒が基礎学校 6 年生と 9 年生のときに作成が義務づけられている（日本の指導要録に相当）。
- 連絡：学校―家庭，教師―家庭，教師―児童生徒の重要な連絡は，原則としてシステム上で行なう。これにより，連絡内容が全て記録される。
- 閲覧；立場に応じて，閲覧範囲が異なる。校長は全児童生徒の記録

を閲覧可能，教師は担当する児童生徒の記録を閲覧可能，保護者と
児童生徒本人は自分の記録のみ閲覧可能。

③ Wilma による学習評価の記録

- テスト成績の記録：単元確認テストや定期テストの素点と評定を記
  録する。
- 日々の行動評価の記録：毎日毎時間，全ての児童生徒の行動評価
  を記録することができる。評価は，教師が自由に記述することも
  できるが，ワードバンクから評価コメントを選択することもでき
  る。ワードバンクの評価コメントとは，「授業に積極的に参加して
  いた」，「集団行動でリーダーシップを発揮した」，「他の児童の活動
  を妨害した」といったもの。ただし，行動評価の記録が義務づけら
  れているわけではないため，毎日毎時間，記録をつける教師は少数
  派である。特記事項があるときのみ記録するのが一般的であるとい
  う。
- 資質・能力の評価：教科に関連づけられた資質・能力について，1
  ～5 の 5 段階で評価する。おおむね月に一回，教師による評価と児
  童生徒による自己評価を記録する。
- 評価面談の記録：年に 2 回，教師—保護者—児童生徒の三者による，
  学習評価に関わる面談を実施することが義務づけられている。面談
  の記録は，法により保存が義務づけられている。

④ Wilma に関する，教師たちの談話

- Wilma の導入により，事務作業の負担が大幅に減った。Wilma の
  機能は年々向上しており，ますます便利になってきている。
- 各教科の評定はテストの点数だけでつけるものではないというが，
  これまでは「点数以外の要素」の証拠が示しにくかったため，結局
  はテストの点数だけでつけていた。しかし，Wilma の導入により，
  さまざまな記録を証拠として示すことができるようになった。

　▶ただし，教科学力の評価に，行動評価を加味することは厳禁とされている（第6章3節参照）。この点に関して，現場の教師の誤解は多いという。この説明にも，行動評価を加味しているかのようなニュアンスがあった。

● Wilma の最大の問題はシステムダウンである。全国的にみると，システムダウンは頻発しており，期日までに成績が出せないなど，さまざまな問題を引き起こしている。(北川)

フィンランドの
学校訪問から

1　日本の学校教育における授業研究の価値

　　フィンランドも日本も，子どもは，どこも同じであると感じている。

　　フィンランドと日本との教育の違いは，それぞれの国がおかれている状況によるものであることは，自明である。

　　日本の学校教育が優れているのは，教師一人一人の授業力が高いことである。日本では，明治以降，各学校において授業研究が行われており，それにより教師の授業力の向上を図ってきた。1990年代アメリカ合衆国では，日本の授業研究が「Jugyou kenkyu」という言葉で紹介されたり，「Lesson study」としての授業研究が行われたりしている。

　　しかし，フィンランドにおいては，日本のような授業研究は行われていない。そもそも，学校全体として一律の教育課程の編成は，行われていない。それは，一人一人の教師が，それぞれに教科書の内容を独自に授業として日々行っているからでもある。

　　小学校の担任は，それぞれ教科書は同様のものを使用しているが，各自が週の時間割を決めており（行わなくてはならない教科目の時数は，国が教育課程基準によって規定している），学校内での他の担任と授業時間割をすりあわせることは行われていない。各担任に任されていることが多い。

　　フィンランドの小学校では，担任一人一人に授業方法が任されているため，他の教師の授業を見学したり参考にしたりすることや，学校としての授業研究は行われていない。

　研修の機会が全くない，のではなく，授業に直結する研修がないのであり，児童生徒に関する指導については，地域の学校がいくつか集まって，授業は午前中のみ行い子どもたちを家に帰してから午後を使って研修が行われている。ただ，あまり機会は多くないとのことであった。

　日本の授業が優れているのは，授業研究が日常的に行われているためである。

　近年，日本の学校おいてもこれからの時代が求める，新学習指導要領の改訂に合わせた資質・能力の育成を図るための授業研究への転換が始まろうとしている。そこでは，これまで明治時代から脈々と行われてきた伝統的な日本の授業研究である一時間単位の授業研究ではなく，単元全体を見通した授業研究や，1989（平成元）年版学習指導要領の実施時期から始まった学習者を主体とし，子どもたちの学びに寄り添った授業研究等，時代が求める教育内容にそった授業研究が行われるようになってきている。

　日本の学校教育が優れているのは，まさに，このような授業に対する教師の不断の取り組みと，その改善に向けた日々の研修の成果といえる。

　このような授業改善へ向けた取り組みが，日本の学校教育には根づいているため，さらに，他国のよい授業事例を柔軟に取り入れる体質が，日本の学校教育には以前から内包されていた。そのため，PISAの結果，フィンランドの教育が優れていることを知れば，それをしなやかに取り入れようとしたのが日本の学校教育でもある。

　とりわけ，1998（平成10）年の学習指導要領改訂において「総合的な学習の時間」が新設されたことにより，そこにおける子どもたちの学びをいかに構成するかに関して，フィンランドの教育の影響は，大きいものがあった。

2　フィンランドの就学前教育のよさ

　フィンランドの教育の特徴として，小学校就学前の教育がある。フィンランドの小学校は，7歳が小学校1年生となる。全ての小学校ではないが，小学校に幼稚園が併設されていることが多い。

　筆者がフィンランドに初めて訪問した2010（平成22）年，1週間の中で2回程度，1時間ずつ小学校の先生が少人数（5人程度）の小学校に入学する前の6歳児を対象に，就学前教育を行っていた。

　その就学前教育で重視していることは，先生のさまざまな「問い」を「聞く・聴く」ことであった。例えば，先生が「これから言う数の分だけ，ジャンプしてみましょう」，「先生の言葉を聞いて（聴いて），動いてみましょう」というような教師の発問を聞き，それを体で表現するということが行われていた。

　また，小学校の低学年においては，教室移動の際に，友だち同士話をしないで静かに行動することも求めていた。まさに，幼稚園から小学校低学年において「傾聴」する教育が行われていた。

　日本の学校教育においても「聴く」ことの重要性が言われるようになってきている。

　日本の学校教育では，幼稚園や保育園との連携はあまり行われていない。幼稚園教育においては，公立の幼稚園は幼稚園教育要領に基づいて教育が行われている。私立幼稚園では，それぞれの園が特徴を出すために，それぞれの教育内容で行われることが多い。幼稚園と小学校との連携や接続は，さほど強くは行われていないというのが実情である。

　フィンランドでも，小学校の中に幼稚園や保育園が併設されている場合（併設されていない場合もある。ただし，就学前教育は，小学校と連携を取り行っている）は，週の中で必ず小学校との連携をとった就学前授業が行われている。先にも述べたが，フィンランドの小学校教育における幼稚園や保育園との連携は，日本の学校教育にはない一

つの特徴であり，小学校への入学前教育として子どもたちが「聴く」ことへの姿勢を身につけていることは，小学校教育においても重要なものとなっている。

　フィンランドの小学校低学年の授業を参観しても，子どもたちは教師の話はもちろん，他の子どもたちの話をよく聴いている。

　小学校の教科目に「母語と文学」（äidinkieli ja kirjallisuus）がある。この科目の授業の1年生には，「物語を創る」という単元がある。そこでは，小学校1年生が4年生とペアになって，物語を創作することが行われている。1年生が教科書に書かれている指示に従いながら物語を4年生に口頭で話をする。4年生はそれを聞きながらPCを使ってキーボード入力し，文字としておこすことを行って，1年生が話す物語を完成する。4年生には，「あなたたちも1年生の時やったのだから，1年生の気持ちになって，話をよく聴いて，1年生が何を言いたいのかを引き出すこと」ということを事前に教師から指示されて，PCに入力を行っていた。

　このフィンランドの授業から認められるのは，これからの時代が求める資質・能力として，OECDの「Education 2030」が示しているWell-beingを育成しようとしていることである（**図14**，p.194）。

3　フィンランドのクラスサイズと支援教育

　フィンランドの1クラスあたりの児童生徒数は，多くの小学校，中学校，高等学校のクラスで約20名程度である。

　ヴァンター市の公立ハメーンキュラ基礎学校（Hämeenkylän koulu）では「大人数学習」を行っている。75名の生徒に対して，3名の教師が同時に指導するスタイルで，一人の教師が授業での対象にする人数は，この学校においても20数名である。

　2017年の9月（新学期）より，フィンランドでは，支援を要する児童生徒の学校と学級を廃止している。これは，インクルーシブ教育を

行うためで，支援を要する子どもたちと要しない子どもたちを同じ環境で教育するために実施された。

　エスポー市の公立ラハヌス基礎学校（Lahanuksen koulu）を訪問した折，小学校 2 年生のクラスで教室の前方にあるオルガンの下に 2 人の児童が潜り込んでいた。それを担任の先生が「ここがこの子どもたちのいつもの居場所」と笑いながら説明をしてくださった。その 2 人の児童は，支援を要する児童であった。公立の基礎学校において共生教育が既に実現していた。（**髙木**）

フィンランドにおける
学習評価

1　学習評価のつけ方と用い方

　フィンランドは，プロジェクト型の学習を通して知識や技能をトータルな思考力の中にみるパフォーマンス評価にあたるものを行っており，そこでは，教師が専門的な見識で妥当性と信頼性とを得るための調整として学力テストを行うシステムが行われている。そのため，テストで点数によって評価を行うことよりも，教師による課題に対して評価を行い，それをもとに教師の評価力を高めることを行っている，とする日本の研究者もいる。

　しかし，フィンランドの教育の現実は，小学校と中学校においては，教科書の単元終了後，高等学校では，7週間のコース終了時，主に教科書の教師用指導書に掲載されているテスト問題で，授業内容を振り返るための定着度テストを行っている。このテストを積み重ねることにより，年間38週の授業の中で「4」から「10」段階に分けた評定が行われている。教育課程基準の到達目標に達している場合は，「8」となる。したがって，フィンランドの基礎学校においては，8を基準とした学習評価が行われている。

　また，4から10までの7段階の評定を各科目について一人一人の児童生徒に行うが，この評定を用いて，クラスの中での序列や順位をつけることは，行っていない。

　フィンランドで最も難しいといわれているヘルシンキ大学附属高等学校への入学者は，この基礎学校の最終成績の評定でほとんどの科目が9または10（10を取ることは非常に難しいのだが）の成績である。

　基礎学校では，教科書の内容が，おおむね1〜2週間で1単元となるように構成されており，単元終了時に確認テストを実施することになっている。教科書や付属のワークブックに，確認事項に続けて，確認テストが掲載されているのである。また，多くの教師は授業で，教科書に準拠した教師用指導書を使用しているが，その中には，教科書やワークブックに記載されているテスト問題以外の問題も掲載されている。

　教師の中には，教師用指導書にあるテスト問題をそのまま印刷をして行う人もいるようである。

　教科書と教師用指導書からのテストを行っていると，前年度に行ったテストと問題は当然同じになる。日本だとテスト対策をし，前年の問題をテスト前に練習することがある。しかし，フィンランドでは，そのようなテスト対策は行われていない。たとえ，兄弟や姉妹が同じ学校にいたとしても，前に行ったテストでテスト対策をすることはない，とのことであった。

　フィンランドでは，学校でよい成績を取り，それを職業選択に結びつけ，進路指導につなげることは考えていない。フィンランドの職業で給料がよいのは，例えば配管工である。それは，寒いフィンランドで，暖房設備がないと生きていけないからであり，そのために配管工の給料が高くなっている。

　学校の教師も人気は高いが，給料はさほど高くない。

　大学を卒業したからといって給料が高いということではなく，それぞれの人がやりがいのある仕事に就くことを，フィンランドの人々は考えているようである。

　社会保障制度も整っており，税金も高く，通常の消費税は25％である。したがって，働かずに生活保護のみで生活をすることも可能である。

　このような社会状況から，学業の成績だけで「よい高校，よい大学，よい職業」を目指しているという日本社会の状況とは異なった環境に

フィンランドはある。

2　学習評価の伝え方

　学習評価は，保護者との連絡を含め，子どもの学校生活全体について，インターネットを使ってアクセスできるようになっている。いつ子どもが学校に登校しているか，出席しなかった授業は何か，学習成績はもとより，教師が子どもをどのように評価しているかについてもわかるようになっている。

　このシステムを Wilma（ヴィルマ）といい，ノルウェーの民間の会社が作成したものである。この校務管理システムは，3〜4年前から導入されかなりの広がりを見せており，近年，フィンランドの学校の多くは，このシステムを使用している（p.121 参照）。

　学校と家庭との連絡は，Wilma だけではなく，年2回行うことを義務づけられている面談を，学期はじめの三者面談として行うことによって，学校と家庭との連絡を取りやすい環境を作っている学校もある。日本の学校でも家庭訪問が行われることがあるが，そこでは，保護者と話をすることが多い。

　フィンランドでは，この面談によって，子どもがこれから始まる一年間の学校生活について，何を，どのように行い，何を目標に学校に通うかを，保護者と教師の前で語ることが行われている。

　日本においては，最近，諸事情により学年はじめの家庭訪問が行われにくい状況もある。子どもを含めての三者面談も，夏休みや冬休み前，さらには，進路相談の時期等，学校生活が既に行われ，ある程度の学習成果と結果や今後の方向性が出てしまった時点で行われることが多い。

　三者面談を，ある程度の結果が見えた時点や方向性が出てしまった時点で行うのではなく，年度の目標が立てられる早い時期に行うことに，意味があるのではないだろうか。

　フィンランドのように，年度の学期始まりに三者面談を行うことは，さまざまな教育活動が行われる前に，学校も，家庭も，子どもも，その年度にどのような学校生活を行うかの方向性を，学校と家庭と子どもの三者がそれぞれの立場で考えることのできる有効な機会となっている。

　このことは，これまでの日本の学習評価が，結果としての学習成績や学校生活の内容を伝える場として行われてきたことにもよる。学習評価は，一人一人の子どもをいかによりよくするかという考え方に立てば，結果の出る前にどのようにしたらよいかを，学校と家庭と子どもとがともに考えることが重要となる。

　フィンランドの小学校の先生からこの学年はじめの三者面談の制度を聞き，日本の学校教育でも有効な制度であると感じた。

③　フィンランド教育庁における学習評価の説明

　2019 年 3 月 20 日の午後，フィンランド教育庁に伺い，教育課程基準の作成を担当されているマルヨ・リッサネン教育専門担当官より，フィンランドにおける学習評価について，下記の内容をうかがった。

(1) ● 学習評価のポイント

- 学習評価方法には，多様性がある。
- 学習評価は，あなたはできる，できないではなく，どうすれば支援できるかが中心である。
- 学習評価は，これまで通知表で行ってきたが，今は，さまざまな方法で知らせるようになっている。保護者に伝えると，保護者からの学習支援ができるようになっていく。
- 子どもたちを学習評価によって，序列化することは行っていない。

(2) ● 自己評価の重要性

① 学習評価

　　あなたはできる・できないではなく，学習を促進することを学習評価としている。そこで重要なのは，自己評価である。

　　これまでの方法だと，秋学期，春学期で通知票を出した。それが学習評価だったが，現在は，学期の途中で出すようになってきている。面談を通し形成的な評価を行うため，そこで自己評価が重要となる。教師からの評価，保護者からの評価が行われている。学期の途中の評価が重要だと考えている。

② 中間的な学習評価

　　今まで以上に自治体ごとの学習評価が行われるようになっている。回数，内容は，自治体ごとが決めている。中間的な評価を通じて，自己評価の習慣をつけつつ，自分が何をやりたいのかを自覚させることを，多様なアセスメント（学習評価）を通して，行っている。

　　もともと，一人一人を大切にし，多様性を大切にして学習評価を行ってきた。個人，個人が自分の進むべき道を自己決定し，道を見いだすことの支援を教育と呼びたい。学校文化を，教えたことだけをすればよいというところから変えていきたい。

③ 自己評価

　　基礎学校の１年生から自己評価をさせている。学習評価の内容については，教育課程基準に細かく示している。相互評価，グループ評価も含める。

　　自己評価の方法については，教科によって異なる。できることを知っていること，目標を示して自分はどこにいるかを知ることが重要。知識・技能・態度の面から評価する。

（3）● 学習評価の方法

① 知識・技能の評価

　　教育課程基準の内容を評価する。4 から 10 の 7 段階で評価することが基本的なライン。6 年生から 9 年生までは，数値の評価としての評定平均が重要となるが，8 を基準としている。評定平均 8 未満の評価があった場合は，高校進学は難しくなる。

　　6 年生と 9 年生の時に，どのくらい 8 がついているか，到達目標が 8 であるので，到達目標としての 8 がついていない場合は，どう支援するかが問われている。

② 学習評価の観点（assessment と object）

　　以下の 3 つが大切である。

- ラーニング（学習）の評価。
- ワーキングスキル・共同的な学び。
- 態度は数値で評価しにくいので，評価面談を年 2 回行うとともに，ふだんの態度により評価。

③ 学習評価を行う時期

- 義務教育学校の 9 年間で，義務教育の最終成績を出す。
- 最終的な成績は，7 年 8 年 9 年の春学期。フィンランドは，秋学期（9 月）から学校が始まる。
- 多くの場合，芸術系の科目は学習評価には入れない。
- 学習評価は自治体ごとに出される。「4」は，仮進学。

（4）● 学習評価の課題

　　フィンランドでは，学習評価で 8 の合格の評価を得ることだけがこれまでいわれてきたが，現在，5／6／7／9 のそれぞれの基準を定義しようとしている。現時点では，その定義は，完全には決まっていな

いが2020年の実施を目指している。

　学習評価としての8の状況は教育課程基準に示され，そこで8を基準として，8になることを目指していることはみんなわかっている。しかし，5や6の評価基準の状況はわからない。

　5や6は，テスト会社のものに頼っていてわからないから，しっかりと示すようにしたいと考えている。

　現在，学習評価として，アセスメントの評価と知識・技能が，評価の目標として示されている。それを5／6／7／9でもわかるように示そうとしている。これまでは，テスト対照表からみてきたが，それをわかるように示したい。

　今の制度では，正答率が9割の子どもは，9がついたら，その後もずっと9が続く。それを毎年並べてしまってよいのかを考える時期にきている。

　これら学習評価の課題については，現在，フィンランドの教育センター，ユバスキュラ大学，ヘルシンキ大学（学習状況調査）が，第三者機関としての評価をどのようにするかを検討している。（髙木）

フィンランド語表記の読み方について

　フィンランド語表記の読みかたは，ローマ字読みにほぼ等しい。例えば，「koulu（学校）」は「コウル」。子音が二つ連続すると促音――例えば，「oppiminen（学び）」は「オッピミネン」，母音が二つ連続すると長音――例えば，「osaaminen（資質・能力）」は「オサーミネン」になる。

　注意を要するのは「j」で，「ja」，「ji」，「ju」，「je」，「jo」は，「ヤ」，「イ」，「ユ」，「イェ」，「ヨ」。だから「Japani（日本）」は「ジャパニ」ではなく「ヤパニ」となる。

　日本語にはない母音として「ä」，「ö」，「y」があり，これらは「ア」，「オ」，「ユ」を曖昧にしたような音である。前舌母音といって，舌の先に近いあたりで「ア」，「オ」，「ユ」と発音する感じ。例えば，「tyttölyseö（女子中等学校）」は「テュットリュセオ」である。

　原則として綴りは「子音」＋「母音」だが，「h」，「k」，「l」，「r」，「s」は母音を伴わないこともあり，その場合は「h」は前の母音を残す感じで、「k」／「l」・「r」／「s」は，軽く「ク」／「ル」／「ス」と読めば，正しい発音に近くなる。例えば，「ilmiö（事象）」は「イルミオ」，「lähtönen（出発型）」は「ラハトイネン」，「opetus（教育）」は「オペトゥス」となる。「l」と「r」の発音には，大きな違いがある。「l」は英語の「l」と同じ，「r」はすさまじい巻き舌で発音する感じである。（北川）

第 5 章

フィンランドの教育が語るもの

フィンランドの教育と日本の教育には似ている点が多くある中で，フィンランドの教育は，日本の教育よりも少し先を歩んでいる。そこで，フィンランドの教育を視野に入れつつ，これからの日本の教育の方向性を考察したい。

電子黒板のみの普通教室，椅子も回る（パパキナリンネ基礎学校）

第1節

これからの学校教育に求められるもの

1　日本の学校教育における資質・能力（学力）の育成の現状

　アジア・太平洋戦争敗戦後，既に 70 年余年が経過した。戦後の日本の経済発展とともに，日本の学校教育は機能し，豊かな日本の今日をつくった。しかし，グローバル化した時代に，現状の日本のままでは立ち行かなくなってきていることも事実である。そこで，次代を生きる子どもたちが，世界の中で生きることのできる資質・能力を学校教育で育成することが課題でもあり，重要な使命となっている。

　日本の学校教育における学力として，1948（昭和 23）年に始まった相対評価の導入とともに用いられるようになった，平均点を出すことが，70 年以上も経った今日においてもいまだに一般的に行われている。そこでは，ペーパーテストによる序列をつけること，その平均点を出すことによって，クラス全体の半分が平均点以下であるとのレッテルを貼っていることに気づきたい。このような「序列をつけることが成績をつけること」との考え方は，戦後の学力観からの転換ができない状況のままに，今日に至っているということの証左でもある。そのような学力（資質・能力）では，いまだに知識の習得量と再生の正確性といった旧態依然とした学力観から抜け出せない現状を示している。

　日本の学校教育においては，進学するということが，戦後から今日までの 70 余年を通して，最も重視されてきているといえよう。それは，戦後の高度経済成長を支え，よい高校に進学し，よい大学に入学し，終身雇用制度の中でよい会社に就職する，ということが教育の目的となっていたからともいえる。

　しかし，21世紀を迎え，さらに未来社会（Society 5.0）時代を迎えようとしている今日，これまでの価値観とは大きく異なった時代が既に始まっている。このことに気づかないまま，戦後教育の中で行われてきた学力のあり方をペーパーテストに求め，知識の習得量とその再生の正確性とを学力とする考えが，いまだに日本の教育に大きな位置を占めているのである。

　既に，時代は変わっている。知らないことを知るには，インターネットで調べることで多くが解決する時代になっている。知識を覚えていなくとも，調べることができれば通用する時代になっている。

　2022（令和4）年度から高等学校の学習指導要領が学年進行で変わっていく。これまで日本の高等学校の授業は，進学校といわれる高等学校においては，知識の習得と再生という学力に焦点化した授業が多く行われてきている。しかるに，一部の国立大学附属や私立の進学校といわれる高等学校では，以前から大学受験に特化した授業ではなく，全人的な教育の中でいわゆるOECDの定義するリテラシー（Literacy）や資質・能力としてのコンピテンシー（Competency）の育成を図ることが行われている。

　このようなLiteracyやCompetencyの育成を図ることを日本の高等学校教育において全面的に実施できるよう，今回の学習指導要領改訂が行われたといっても言いすぎではない。それは，戦後の日本の学校教育が行ってきた知識の習得量とその再生の正確性とを学力としてきたことからの転換でもある。

　この転換は，大学での教育の危機にも依拠している。大学生が自分の考えをもたず，もてずにいることにより，大学における授業改革としてアクティブ・ラーニングを取り入れた事例が，大学から多く報告された。それにより，高等学校においても授業にアクティブ・ラーニングを取り入れることが行われた。しかし，高等学校へのアクティブ・ラーニングの導入は，授業の型のみで，本質的なアクティブ・ラーニングとなっていない場合が多くあり，批判もされるようになって

いる。

　高大接続システム改革会議「最終報告」（平成 28 年 3 月 31 日）では，以下のことを明記している。

　　我が国と世界が大きな転換期を迎えた現在，この教育改革は，幕末から明治にかけての教育の変革に匹敵する大きな改革であり，それが成就できるかどうかが我が国の命運を左右すると言っても過言ではない。

　この教育改革で行おうとしているのは，知識の習得量と正確な再生にとどまらず，［生きる力］の中で［確かな学力］として示されている以下の資質・能力である。

　　基礎・基本を確実に身につけ，いかに社会が変化しようと，自ら課題を見つけ，自ら学び，自ら考え，主体的に判断し，行動し，よりよく問題を解決する資質や能力

　このような学力観の転換は，［生きる力］が言われた 1996（平成 8）年に，既に示されている。しかし，この提言に耳を傾けることなく，旧態依然とした 1948（昭和 23）年からの学力観による教育が，特に，進学を重点とした高等学校において依然として行われ続けている。そこでは，大学入試が変わらないことを盾に，教育のあり方の自己変革を行うことに対して，かたくなに拒み続けている状況がある。

　大学入試の内容がたとえ変わらなくても，日々の授業改善によって，大学入試の成績が上がることは，既にいくつかの高等学校において実績が上がっていることからも見て取れる。

　東北地方のある県の高等学校では，教師が講義をする授業を転換し，生徒が授業内容を自ら調べ，他の生徒にそれを説明する授業を行うことで，模擬試験の成績を上昇させている。授業パラダイムの転換を図

り，教師が教えるのではなく，生徒が自ら学び，教師はそれを支援する授業改革により，資質・能力（学力）を向上させている事実がまさにそこにある。

　大学も，学生に単なる知識の習得量と再生の正確性だけを求めてはいない。PCやスマートフォンで調べればわかることを，単に覚えているだけで学力とはしない，クリエイティブな資質・能力観が大学においては広く求められるようになっている。それは，大学だけではなく，実社会・実生活の中で活用や探究を図る資質・能力としても機能する。

　時代は，AIが大きく発達し，知識の習得と再生はAIによってほとんど可能な時代となっている。しかるに，日本の学校教育は，依然としてペーパーテストによって学力を測定することが根づいたままである。既に社会では，さまざまなペーパーレス化が進んでおり，そこへの転換が図られなくては，日本は世界の中で取り残されることになる。

　2019（令和元）年12月3日にOECDのPISA2018の結果が公表された（p.15参照）。それによると科学的リテラシーと数学的リテラシーは上位であったが，読解力（読解リテラシー）は，前々回の2012年調査では65か国中4位だが，前回の2015年調査では順位を落として72か国中8位であり，今回は79か国中15位とさらに順位が下がったため，マス・メディアは「読解力」の低下と大きく報道した。

　その要因はさまざまだと思われるが，2015年調査からコンピューター画面上での出題・解答方式（CBT）に切り替わり，今回は全てがCBTになり，その影響があると思われる。CBTに変わった前回調査から，読解力の低下の兆候は認められている。日本の学校では，日常的に授業でICT機器を活用しておらず，生徒は操作に慣れていない。（次ページの**図8**参照。）そのため，今回の問題として出された，機器を操作しながら複数の長文を読み，必要な情報を探し出し理解し，評価し，熟考するのはハードルが高かった。

　それは，日本では，小学校，中学校の授業でPCを子どもたち一人

学校・学校外でのデジタル機器の利用状況

◆**日本は学校の授業（国語、数学、理科）におけるデジタル機器の利用時間が短く、OECD加盟国中最下位。**

「利用しない」と答えた生徒の割合は約80%に及び、OECD加盟国中で最も多い。

◆**日本は、他のOECD加盟国と同様、学校外で多様な用途にデジタル機器を利用している。**

○他国と比較して、ネット上でのチャットやゲーム（1人用ゲーム・多人数オンラインゲーム）を利用する頻度の高い生徒の割合が高く、かつその増加の程度が著しい。

・「毎日」「ほぼ毎日」利用すると回答した生徒の割合の増加の程度（2012年調査との比較）
  ・「ネット上でチャットをする」：日本60.5ポイント増、OECD平均15.4ポイント増
  ・「1人用ゲームで遊ぶ」：日本21.3ポイント増、OECD平均7.1ポイント増
  ・「多人数オンラインゲームで遊ぶ」：日本19.4ポイント増、OECD平均7.9ポイント増

○コンピュータを使って宿題をする頻度がOECD加盟国中最下位。

● 1週間のうち、教室の授業でデジタル機器を利用する時間

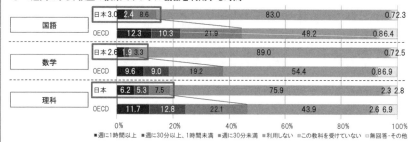

● 学校外での平日のデジタル機器の利用状況　（黒色帯は日本の、★はOECD平均の「毎日」「ほぼ毎日」の合計）

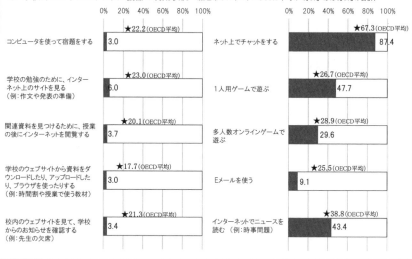

図8｜学校・学校外でのデジタル機器の利用状況

▶「OECD 生徒の学習到達度調査 2018 年調査〈PISA2018〉のポイント」より

一人が持っていないことにもよる。フィンランドでは，小学校，中学校では，全員に一人一台 PC が貸し出されている。

2　変わるフィンランドの学校教育

フィンランドの教育では，新教育課程基準をもとに系統性のあるコンテンツ・ベースの学力の育成も図ろうとしている。2000 年代に，PISA によってフィンランドの教育が注目された時期は，プロジェクト学習やトピック学習に基づく総合学習，フェノメノン・ベースの学力観のもとに教育が行われていた。

私たちは，2017 年・2018 年・2019 年と，三年連続してフィンランドを訪問したが，この三年間でのフィンランドの教育は質的にかなり変わりつつあるといえよう。

2017 年度の訪問の時は，トピック学習をフィンランドに適した内容として取り入れた，フェノメノン・ベースの教育が多く行われており，そのカリキュラムをそれぞれの学校のそれぞれの教師が独自に展開していた。

2017 年にフィンランド教育庁から，フィンランドの小学校，中学校，高等学校に規範となる教育課程基準が示された。2018 年，2019 年にわたりその実施の経緯をみてきたが，小学校においては取り組みが進んでいるものの，学校段階が中学校，さらに高等学校と上がるにしたがって，その実行があまり図られていないようであった。

フィンランドの教科書は日本と同様に民間が作成しているが，その作成に教師が参加し，指導書も教師が書いている。教科書の中身は，子どもたちの発達段階に合わせ，子どもたちの興味に基づく構成となっている。

授業においては，日本と同様，教科書にそった授業が行われている。教師用指導書が充実しており，教師用指導書どおりの授業も行われている。また，基礎学校において 7 週間に 1 回行われるテスト問題も，

教師用指導書に示されている。

　授業においても，この数年で教科書や電子黒板等の IT 化が図られている。2016 年度に訪問したヴァンター市のパハキナリンネ基礎学校では，夏休み中に図書館の本は全て廃棄，黒板も撤去して電子黒板を設置し，新年度の授業に備えていた。ただ，教師たちはかなりのとまどいをもっていた。

　このような教育の IT 化の背景には，フィンランドにおいては高校修了・大学入学共通テストが秋と春（年度が 9 月に始まる）にそれぞれ 3 日間（一日 6 時間）をかけ，PC による全国的な試験として，約 10 万人が参加して行われるようになっていることがある。ただし，この PC は個人持ちで，万が一に備え予備の PC も各自持参することになっている。

　この共通テストは，高校修了資格認定試験と大学入学共通テストを兼ねて行われている。

3　フィンランドの高校修了資格認定試験

　高校修了資格認定試験は，これまで紙で行ってきたが，2019 年 3 月の試験から，全てデジタル化されている。2019 年 3 月 21 日に，「大学生試験（高校修了・大学入学共通テスト）」委員会を訪問した際，プロジェクトリーダーのマッティ・ラットゥ氏から以下のことをうかがった。（下記の「総論」及び (1)〜(6) の「内容」）

● 総論として

• それまで高校修了資格認定試験は，紙で行われてきたが，紙で行うことへの認識の転換が重要となった。

• 紙で行う試験とデジタル化されたものとでは，それぞれの長所と短所がある。紙による試験には，配布の輸送に問題がある。しかし，デジタル化によって，成績が落ちた。

• 学校，メディアの対応によって，かえって委員会が忙しくなった。

(1) ● CBT化の理由

①紙のテストは，仕事が紙で行われてきた時代のものであり時代は変わってきている。

②テストのデジタル化は，技能を伴う。

③デジタル化は，社会でも求められている力。世の中のデジタル化に対応した。

④高校でも，デジタル化が進んでいる。

⑤教育に対して，デジタル化は，不適応。紙と鉛筆のほうがいいという意見もたくさんあった。

⑥社会に出たら，全てデジタル化されている。

(2) ● デジタル化の問題点

①サーバーのトラブルにより，止まってしまうこと。フィンランド全国で行えるが，全国全てが止まってしまったことがある。ただ，その問題が起きた折には対処できた。

②不正アクセスによって，情報を公開されてしまう可能性がある。

(3) ● 試験内容

①1日に1科目の試験で，6時間から8時間を掛けて解答するテスト問題としている。

②採点は，採点の方法とプログラムを学校に送り，各学校で行う。同時に大学生委員会（MEB）でも採点を行いデータ処理をする。もしも採点結果がずれた場合は，すり合わせをする。このプロセスは，紙媒体のテストの時と同じで，デジタル化をしてもこのプロセスは変えずに行っている。

③解答方式は科目によっても異なるが，短答式選択肢，作文をかなり書かせるものもあり，数学は手書き機能を使って途中を書かせる。

④社会科は長いエッセイを書かせる。また，リンクを開いて図や表を

読んで答える問題もある。

⑤デジタル化をすると音声や動画，それに伴うシミュレーションが可能となった。地図や動く地図は，抵抗勢力側の教師もいい問題だと述べた。

(4) ● 実施方法

①20 名の専門家スタッフ。評価委員として約 400 名が関わる。

②高校の教師は，約 8 千人関わる。生徒は，試験にもよるが約 10 万人が参加する。

③2016 年の秋から始まり，春にも試験がある。母語，外国語，社会，物理，化学，数学の試験があるが，記号で答えるものの作成が難しかった。

④試験は，受験生が持参する PC を用い，USB メモリーに入れた問題に解答する。試験の最中は，インターネットの使用はできない。

⑤この「高校修了・大学入学共通テスト」は，高校修了資格認定試験と大学入学共通テストが一つになったもので，これまでは二つにわかれて行われていた。それを一つにまとめることにより，高校修了資格認定試験と大学入学試験の二つの試験を行うことがなくなった。

⑥ただ，大学入試の制度自体は，高校生以外，転専攻・転課程などの第二の機会をもつために，残す必要はあると考えられている。

⑦テスト科目は，次ページの**図 9** のとおりである。（2019 年春学期に完成。）

(5) ● 高校の内申点

学習評価を行うにあたり，基礎学校までは素点と評価点の対照表があるが，高校は学習評価が自由となっている。したがって，各学校で異なるさまざまな評価点を内申点として評価することはできない。そのため，1 回のテストのみで入試をするほうが適切と考えている。

さまざまな教科でデジタル化が進んでいる。さまざまな技を使いこ

図9｜高校修了資格認定試験　CBT化への推移

なすことが社会で求められているので，国語に関しても，デジタル化をしなくてはならない。それが社会で必要だから，ということが重要だと考える。

(6) ● 今後の高校修了資格認定試験について

　高校は，このテストに対して対策をしており，似たようなテスト問題でテスト対策が行われるようになってきている。

　しかし，高校修了資格認定試験を実施している私たちとしては，テスト対策をされてもかまわない。それは，高校の教師が望むテストであり，私たちが求める内容と同じだからである。

　なお，フィンランドの大学入試は，大学・学科によって試験期間がそれぞれであり，また，学科によっても傾向が異なっている。さらに，フィンランドには，兵役[*6]があるため，高校卒業後にすぐに大学に進学せず，兵役を終えてから入学することも多い。

　そのためなのかはわからないが，高校の先生は，生徒の大学進学に関してさほど責任をもつことはない。

[*6] フィンランドでは，18歳になった男性には兵役制度がある。60歳までに約半年の軍隊での兵役か一年間の地域奉仕活動かの，いずれかを選択する必要がある。

4　フィンランドの汎用的な資質・能力

　フィンランドにおける汎用的な資質・能力は，フィンランド教育庁が教育の基本とするカリキュラム（教育課程基準）において，各教科目と一体として示されている。その示し方は，この 3 年間，少しずつ変化している。2019 年のものは，右の**図 10** のものである。

　図 10 の外側の円に囲われている中には，フィンランドの学校教育で育成すべき資質・能力の全体像が示されている。

　全体の外側の円の内側にある網掛けされている三つの楕円には，「各教科目」を中核とし「評価基準」・「目的」・「内容」が円の中に位置づいている。中核にある「各教科目」には，「教育課程の構成」が示されている。

　この三つの楕円と「各教科目」の中に示されている内容は，学校の授業を通して育成される資質・能力である。中核の「各教科目」と「教育課程の構成」には，具体の授業として行われる内容が示されている。

　外側の円の中に示されているのが，前述（p.60）した以下の 7 つの汎用的な資質・能力である。

- 考えること・未知の課題に取り組む意欲と能力
- 文化的コンピテンシー・相互作用・自己表現
- 自己管理・生活管理
- 多面的・多元的読解力
- ICT コンピテンシー
- 仕事の能力・起業家精神
- 社会への参与と参画・持続可能な未来の構築

この 7 つの汎用的な資質・能力は，内側にある楕円の中に示されている具体的な学校の授業を通して育成される資質・能力とは，明確に分けられている。

　汎用的な資質・能力は，授業を通してだけではなく，学校教育全体の中で育成する資質・能力として定位していることが，この図によっ

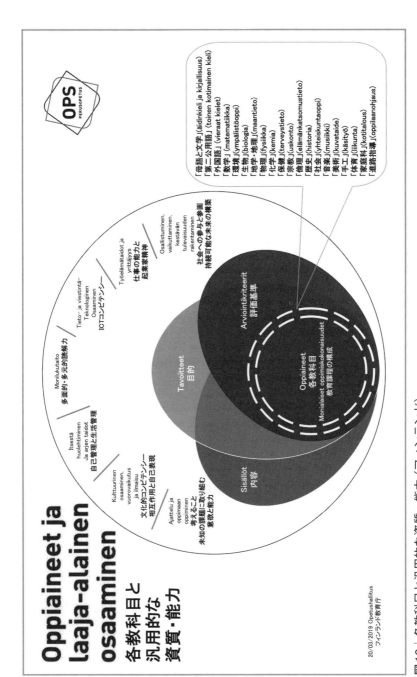

図10｜各教科目と汎用的な資質・能力（フィンランド）

▲「フィンランド教育庁の説明資料」（翻訳・北川達夫）より

て示されている。

　ただし，この7つの資質・能力の育成は，学校教育全体を通して育成するものであり，授業の中だけで7つの資質・能力を意図的・意識的に育成するものではない。

　授業においても7つの資質・能力に関わることは行われている。しかし，その育成を対象化して取り立てたり取り出したりして明示的に行うものではない。ある意味，授業においてそれのみを対象化しにくい資質・能力であるともいえよう。それゆえ，内側の三つの楕円の外に示されているのである。

　この7つの汎用的な資質・能力は，学校教育の全ての教育活動を通して「じわーっとしみ込」み，身につけていくことだと，フィンランド教育庁で私たちに説明をしてくれた担当のマルヨ・リッサネン専門官が語っていた。

　フィンランドにおいても，教育課程基準に基づいて日々の学校での授業が行われている。そこでの授業の多くは，基本的には教科書に基づいて行われている。教科書に基づいた授業では，教科書内容を教師が解説するとともに，子どもたちはそれを理解し，小中学校では教科書の単元が終わるごとに教科書の内容の確認テストが行われている。また，高等学校においては，7週間のコース終了時に教科書内容の確認テストに臨んでいる。この確認テストは，筆記式のもので，教科書付随の教師用指導書に問題が掲載されており，それを印刷し，子どもたちにペーパー試験を行っている。

　7つの汎用的な資質・能力は，日常の授業の中で育成する資質・能力であるが，カリキュラム・マネジメントとして意図的・計画的には実行されていない。この7つの汎用的な資質・能力を，一人一人の教師が意識しつつ日々の授業を行い，それを通してこの資質・能力の育成を図っているというのが，フィンランドの教育の実情である。

　2019年3月にフィンランドに訪問した際，フィンランド教育庁で説明をしてくれた担当者のマルヨ・リッサネン専門官は，前年度まで

中学校の校長先生であった。彼が勤務していた中学校で，幼稚園，小学校とともに食育の学習を連携して行った事例の説明をしてくれた。食育についての総合学習で，それは日本で行われているトピック学習に近いものであった。

　そこで，「このような学習が汎用的な資質・能力を伸ばす学習か」と質問をすると，即座に「そうではない」と回答された。汎用的な資質・能力を育成することは，学校で行われている教科の内容を単に横断的に結びつけたり関係づけたりすることではないことを明言された。

　フィンランドにおける汎用的な資質・能力の育成は，学校での学習や生活の全てにおいて，関わりの中から，一人一人の子どもたちが身につけていく資質・能力であり，そのための視点として7つの汎用的な資質・能力が示されていることになる。

　汎用的な資質・能力の育成は，知識や経験の活用と深化を自己制御する認知面と情意面との統合的なシステムとして機能させようとしているのである。(髙木)

第2節

日本の教育の現状

1 時代の変革期にある日本の学校

　日本の学校教育には，一人一人の個としての生き方を追求するのではなく，ある意味，成績による序列を図るために行われている面が多くある。それは，高等学校や大学の入学試験という選抜に象徴されるように，ペーパーテストによる序列をつけることにより，学校での学びが機能してきたともいえよう。

　そのことの典型は，1948（昭和23）年の学籍簿（24年からは，指導要録）で始まった相対評価（集団に準拠した評価）による評定（5／4／3／2／1）をつけることが評価であるとすることが，70年も経過した今日でも，あたりまえのように考えられていることである。さらに，その相対評価に伴う平均点を出すことも，2001（平成13）年度から目標に準拠した評価に変わったのにもかかわらず，これが今日まで行われていることからも，この点は認められる。

　ここには，学習指導要領をほぼ10年ごとに改訂し，時代に合わせた教育が示されてきたにもかかわらず，時代が変わろうともこれまでの日本の教育を変えようとしない，ある意味での意志がはたらいているからではないだろうか。その意志とは，これまでの日本の教育によって育った大人たちが，自分自身が学校教育で経験や体験した教育を元に，今日の教育について語ることに起因しているのではないだろうか。例えば，いまだに定期試験を行い，平均点を出し，試験の点数によって序列をつけることにも象徴される。それは，必ずしも全てではないが，そのような傾向から抜け出していないことも事実である。

　さらに，いまだに大学の入学に関して，どこそこ大学に何人入った
か，ということが世間の関心になり，そのことが学校に対する評価と
なっている現実もある。

　教育は，本来，一人一人の子どものもつ資質・能力を育成し，さら
に，その特性を伸ばすことに意味がある。しかし，日本の教育の現状
は，全てとは言わないが，かなり多くのところで序列をつけることに
教育の意味をおいているといえる。それを，教育の結果と言い切るこ
とは簡単だが，他者との比較ではなく，一人一人の個の形成を図るこ
とに教育の意味をおくことが，これからの教育の重要な課題である。

　言いかえるならば，学校教育は，自己の形成と伸張のために行われ
ているのではないだろうか。だからこそ，一人一人の個の違いを資
質・能力として認め，それを育成することが教育には求められる。

　そのことに気づいたからこそ，新学習指導要領は育成すべき資質・
能力として三つの柱を立て，これまで学校教育の中心であったコンテ
ンツ・ベースの学力とともに，コンピテンシー・ベースの資質・能力
も育成する方向性を打ち出したのである（p.190，**図13**「育成を目指
す資質・能力の三つの柱」）。

　そこでの資質・能力としては，これまでの教科学習のみではなく，
学校教育全体を通して育成する資質・能力にも目が向けられている。
それが汎用的な資質・能力である。

　これまで日本の学校教育は，明治の近代教育の始まり以来，例えば，
大正期には自由教育等があり，そこではさまざまな教育実践はあるが，
どちらかというと教科学習に主がおかれてきた。

　1989（平成元）年に小学校1・2年生に導入された「生活科」，1998（平
成10）年に小学校3年生以上から高等学校まで導入された「総合的な
学習の時間」は，それまで教科学習が主であった学校教育の内容の質
的な転換を図ろうとするものであった。

　第四次産業革命の時代を迎え，また，情報社会（Society 4.0）から
さらに未来社会（Society 5.0）の時代になろうとしている今日，学校

教育の内容も変わらざるをえない状況になっている。

　教育はこれまで，文化の継承と伝承とを担ってきた。しかし今日，これまでの学校教育の内容のみの伝承と継承とでは，次代に生きる子どもたちに，時代に合った教育を行うことが難しくなってきている。

　それゆえ，新学習指導要領において，次代が求める資質・能力の育成を図ろうとしているのである。まさに，教育における方法とその内容のパラダイム転換が求められているのである。

　それにつけても，例えば，日本の学校教育においては，いまだ充分にPCは行きわたっていない現状にある。先進諸国のほとんどでは，子どもたち一人一人がPCを持ち，活用している。フィンランドにおいても，小学校1年生からPCは一人一人に貸与されている。

　フィンランドのある小学校では，3年生が組み立て式のおもちゃをプログラミングして動かすことを行っている。一人一人の子どもたちが全員それぞれにPCを持ち，授業を受けている。

　一方，日本では子どもたち一人一人がPCを持ち，使用していることは少ない。教育に関わる予算を増やし，次代に生きる子どもたちには，小学校の時からPCに慣れさせて使えるような教育にしたいと考える。

　1903（明治36）年の教科書の国定化以降，今日に至るまで，学校教育における教科書信奉は根強く，教科書を目次に従って初めから順に行うことがよしとされる傾向がある。各学校における子どもたちの資質・能力の異なりを考えるとき，各教室の子どもたちの実態や実情に合わせた教育活動を行うことの重要性は，いうまでもない。しかし，日本の学校においては，いまだに，教科書の目次の順に従った授業が行われている現実が多くある。

　各学校の各学級における一人一人の個の実態に合った学びを行うためには，教科書の目次にしたがった授業を行うだけではなく，一人一人の個に応じた指導と授業づくりが重要な課題となってきている。

　1977（昭和52）年告示の学習指導要領から，個性化・個別化が日本

の学校教育で謳われ，既にかなりの年月を経過している。学校の「主語」は，一人一人の子どもたちである。それが，学校の授業となると全体でのものとなり，近年強く言われている合理的配慮という言葉とその考え方が，かけ声だけで終わってしまってはいないだろうか。

　教育の原点は，一人一人の子どもの資質・能力を，未来に生きるものとしていかに成長させ育むかである。しかし，現実の学校教育で，それを充分に行うことができているかを，それぞれの学校と教師が問い直すことが今日求められている。

2　フィンランドの教員と日本の教員

　フィンランドの教員は，大学の教員養成課程に入学するときから，大学によっては倍率が数十倍であり，かなりの難関である。また，大学の教員養成課程でも，前期3年，後期2年，都合5年にわたり専門性を磨くとともに，後半の2年間の約半分の日程は，教育実習で実践的に教員になるために学んでいる。

　さらに，教職に就くには，日本のような都道府県ごとの教員採用試験ではなく，それぞれの学校ごとの公募であるため，応募者も多数だ。教職に就くにあたっても，かなりの難関であり，それにより教員の質的な担保がされている。

　教員の異動は原則なく，本人が他校に公募により採用されたときのみとなる。優秀な教員は公募により，転勤することもある。また，校長は，教員とは別に公募されるが，優秀な教員が校長に抜擢されることもある。校長は，授業を行うことはまれで，多くは学校経営に専念することが多い。

　日本においては，教員になるためには大学で教職課程を取り，教育実習を行えば，開放性の免許制度の下，志望すれば誰でもが教員免許を取得することができる。

　文部科学省「平成31・令和元年度公立学校教員採用選考試験の実施

状況について」（令和元年12月23日公表）には，全国の教育採用選
考試験の平成31年の倍率が示されている（**表6**）。全国の都道府県・
指定都市教育委員会が平成30年に実施した平成31年度教員採用選
考試験の競争率が，全体で4.2倍，前年度の4.9倍，前々年度の5.2
倍から減少している。また，受験者数をみると7年連続で減少傾向が
認められる（**図11**）。

　教員採用選考試験は，倍率だけでみることはできないが，日本にお
ける教職が，今日あまり魅力のある職業として捉えられていない現状
があるのではないだろうか。

　それは，昨今の働き方改革においても，教員の勤務時間の問題等，
学校教育にさまざまな問題が生じており，教職志望の人数を減らして
いるといえなくもない。

　さらに，日本の社会における教員の位置は，かつてのように尊敬の
対象になってはいない。学校におけるさまざまな問題が社会の中で取
り上げられることにより，学校が社会的な観点や視点で批判されるこ
ともあり，また，学校もそれに対して十分な対応ができていない場合
もあり，総じて学校の社会的な位置が低くなっていることは事実であ
ろう。そして，今日，学校に対しては，何かとものが言いやすい状況
も生まれている。

表6｜教員採用試験の受験者数，採用者数，競争率（倍率）

区分	受験者数	女性（内数）	採用者数	女性（内数）	競争率（倍率）
小学校	47,661	24,091	17,029	9,933	2.8
中学校	49,190	18,147	8,650	3,647	5.7
高等学校	30,121	8,847	4,345	1,523	6.9
特別支援学校	10,417	5,535	3,226	1,951	3.2
養護教諭	9,212	9,127	1,468	1,460	6.3
栄養教諭	1,864	1,753	234	229	8.0
計	148,465	67,500	34,952	18,743	4.2

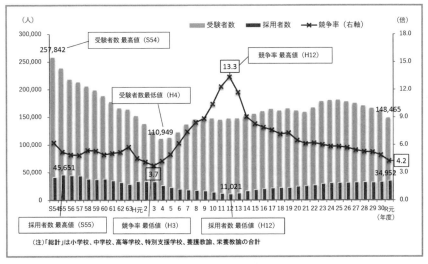

図11｜教員採用試験の受験者数・採用者数・競争率（採用倍率）の推移

　かつてのように学校に全てを任せておけばよいという考え方から，社会も参画して子どもたちをともに育てようとする前向きの視点であればよいのだが，一方で，子どもたちに対しての教育のあり方や責任を，学校に全て押しつけるような状況もないとはいえない。

　フィンランドの学校の教員は，一人一人の子どもたちのために努力を惜しまないが，日本の学校の教員も同様である。子どもたちの様子はフィンランドも日本も変わりないが，学校に対する期待や要望は，フィンランドと日本とでは異なっていると感じる。

　フィンランドでは，教育内容は，全てが学校に任されている。また，フィンランドには塾はなく，教育は学校の授業を通して行われている。ただ，スポーツに関しては，学校外でのスポーツクラブが中心となっている。特に，アイスホッケーの人気は高い。

　一方，日本では学校外での教育も盛んであり，学校のみが学習の場ではないことも，学校に対する期待があまり高くない理由にもなっているのではないだろうか。

今，日本の学校教育で一番心配なのは，教員という仕事に魅力を感じない，また，そのことから，教員への志望者が減っていることである。日本の教員の給与は，公務員としての補償があり，安定している。フィンランドの教師の給与も，さほど多いとはいえないが，安定している。日本とフィンランドの教員の給与が最も異なるのは，日本の教員の給与は年齢が加わるとともに少しずつではあるが増えていくのに対し，フィンランドの教員の給与は，第1章にも示したとおり，初任の時のままに据え置かれていることが多い点である。

日本での教員の問題として，今後課題になることは，教員志望者が減っていることにつきる。教師としての仕事の魅力はあるものの，その仕事が社会的に認められなければ，教職を志望する人は当然減ってくる。志望者が減少すれば，当然，教員の質の低下を招くことになる。

さらに，近年，正規教員が産休や育休，さらに病気休業になったときに教師の代わりに勤務する非常勤の講師も，相当数不足している。正規教員の代わりの講師の補充は，全国で困難を極め，教頭はもとより校長まで，授業を行う学校も数多くある状況である。

教育は，未来を創ることにある。

教員志望者が減ることによって，日本の教育の質の担保がはかれるかが，日本の教育の今日的な重要な課題となっている。

2017（平成29）年告示の新学習指導要領では，「社会に開かれた教育課程」ということが言われている。

このことは，学校が学校だけで教育活動を行う時代ではなくなっていることの象徴でもある。学校と社会とが連携し，それぞれの役割の中で子どもたちの未来を創る教育を行おうとする方向が，そこには認められる。

2019（平成31）年3月に，フィンランド教育庁を訪れたとき，フィンランドの教育課程基準作成を担当しているマルヨ・リッサネン専門官に，筆者が日本の学習指導要領について説明をした折，「『社会に開かれた教育課程』ということは，とても素敵なことだ」，と言われた

ことが印象に残った。

　日本において，学校と社会とがそれぞれの立場や教育に対する向き合い方を理解し，相互に補完して子どもたちの未来を創ることのできる状況を生み出すことが，これからの日本の学校教育には求められる。

　学校は子どもたちの未来を創ることを行っているが，今日，その環境は決してよいといえる状況にはない。この状況は，社会が創り出したともいえるが，この状況を変えるには，社会と学校とがともにそれぞれの立場から，子どもたちの未来を創るということに焦点化し，それに向けて協働する状況を生み出さなくてはならない。

　学校教育を教員のみに任せたり要望したりするだけではなく，ともに子どもをよりよくするために，社会と学校とのそれぞれの役割を認識する必要が生じている。

　日本の学校の現状は，人がたりない，予算がないということに全てが集約されるといっても過言ではない。そのために，学校教育において負のスパイラルが生じてきている。

　今日の日本の学校教育をよりよくしていくために，学校教育がおかれている現状を，社会全体で共有し認識する必要がある。と同時に，教員に対して，戦前のように尊敬をすることまでは求めないが，教師がどのような社会的な役割を担っているか，教員の仕事に対して社会の真の理解が必要な時代になっている。（髙木）

第**3**節

教科等横断的な資質・能力と
汎用的な資質・能力

1　学校で育成を図る資質・能力の方向性

　2017（平成 29）年 3 月告示の新学習指導要領では，これまでの教科の学習のみでなく，教科等横断的な資質・能力の育成を求めている。それは，明治以降日本の学校教育で，さまざまな教育の内容を各教科に分け，授業として行ってきたというだけでは，次代の世界が求める資質・能力の内容を育成することができなくなりつつあるからでもある。

　AI や IOT によって，ざまざまな分野でのイノベーションが起こっている今日，次代に生きる子どもたちに，学校教育でいかなる資質・能力を育成するかが問われている。

　しかし一方，日本の学校教育の現状をみると，旧態依然とした受験学力に象徴されるような，教科書に準拠し，その内容にそった教育を行っているのがほとんどではないだろうか。

　学校教育の学習の内容を規定している学習指導要領では，2003（平成 15）年 12 月に文部科学省が，その学習指導要領を最低水準と規定し，歯止め規定の削減をして「発展的な学習内容」の指導が可能となるようにしている。しかるに，学校教育の日々の授業は，どのように変わっただろうか。

　特に，高等学校においては大学受験を大きな理由として，その変革を怠ってきたといっても言いすぎではない状況が多く認められる。今回の教育課程改革の大前提として，高大接続システム改革会議「最終報告」（p.3。前出 p.140）には，そのことが明言されており，2021（令

和3）年度入試からは，「大学入学共通テスト」の導入が行われようとしていた。

しかし，2019（令和元）年11月に文部科学大臣から，2020（令和2）年度の大学入試における英語民間試験活用のための「大学入試英語成績提供システム」の導入の見送りが発表された。さらに，12月には，国語と数学の記述問題に対しても導入の見送りがなされた。

大学入学共通テストのねらいは，論理的な思考力や表現力の育成であり，それらを評価する観点から，記述式問題の導入を図ろうとしていた。

この大学入試の問題の意図は，これまでの大学入試において主として知識の習得と再生を学力としてきたことからの転換を図るためでもあった。それは，次代が求める資質・能力を大学入学者選抜で行うことを目的としたものでもある。

単に「大学入学共通テスト」の具体的な内容や受験制度を問うのではなく，次代が求め次代に生きる資質・能力を，次代の子どもたちに培うことが問われなければならない。学校教育において，どのような資質・能力の育成を図るかという面から，これからの学校で育成する資質・能力を考えなくては，「大学入学共通テスト」に内在している問題を解決することはできない。そのこと抜きに，子どもたちの未来に生きる資質・能力を，学校教育において育成することは難しい。

このような教育状況の変化は，地球全体の時間的な距離が短くなり国際化が進展している状況にそったものから派生していることと，同時に，国際社会を含め，地球規模において求める学力（資質・能力）観が転換してきていることに起因しているともいえよう。

日本の教育が今日目指している資質・能力（学力）観は，既に日本のみの状況では語れない，国際化の状況の中に存在しているものであることに気づきたい。

だからこそ，これまでの日本の学校教育で行われてきたことを肯定しつつも，次代に向けて，新たなパラダイムの教育観を形成しなくて

はならない。

　日本における教育観を転換することは，今日までの日本の教育観を否定することではない。これまでの日本の教育は，世界の中でも優れていたし，今日でも優れている。

　しかし，これからの時代に求める資質・能力が世界標準として大きく変わろうとしている。

　これまで，大学入試が変わらないから高等学校の教育内容が変わらない，ということがよく言われてきた。しかし，大学入試が変わらなくとも，これからの時代を生きる子どもたちに育成すべき資質・能力の内容が大きく変わろうとしているとき，大学入試のみを理由にして，高等学校教育の内容が変わらなければ，日本は世界の中で取り残されることにもなる。

　今，世界が求める資質・能力は，OECD が示している資質・能力であり，コンテンツ・ベースとしての資質・能力とコンピテンシーとしての資質・能力とをいかにバランスよく，しかもその学び方も含めて，生涯にわたって学び続けるための基盤を学校教育において育成するかである。

　これまで日本の教育が優れていた面も多くある。一時，多くの日本の学校の教師や日本の研究者が，「フィンランド詣」をしたり，マス・メディアが取り上げたりした時期がある。しかし，それは，一過性のもので，フィンランドが 2016（平成 28）年に新教育課程基準の施行をして以降，フィンランドの教育について，その内容はあまり紹介されていない。

　フィンランドの教育が注目を集めたのは，PISA で順位がよかった 2000（平成 12）年であり，その時点のフィンランドの教育内容と今日とでは，変化している。この変化の中に，フィンランドがこれからの時代に求める資質・能力観をみることができるし，また，日本の学校教育で行うべき資質・能力の育成の方向性も，その中に見いだせる。

2　教科等横断的な資質・能力

　新学習指導要領解説総則編（小 pp.39-40・中 p.40。太字は引用者，以下同じ）には，次の記述がある。

　カリキュラム・マネジメントは，学校教育に関わるさまざまな取組を，教育課程を中心に据えながら組織的かつ計画的に実施し，教育活動の質の向上につなげていくことであり，本項においては，中央教育審議会答申の整理を踏まえ次の三つの側面から整理して示している。

- 児童や学校，地域の実態を適切に把握し，教育の目的や目標の実現に必要な教育の内容等を**教科等横断的な視点**で組み立てていくこと，
- 教育課程の実施状況を評価してその改善を図っていくこと，
- 教育課程の実施に必要な人的又は物的な体制を確保するとともにその改善を図っていくこと

などを通して，教育課程に基づき組織的かつ計画的に各学校の教育活動の質の向上を図っていくこと

　上記の「教科等横断的な視点」は，学習指導要領第1章総則第2「教育課程の編成」にも示されている。

2　教科等横断的な視点に立った資質・能力の育成

(1)　各学校においては，児童（生徒）の発達の段階を考慮し，言語能力，情報活用能力（情報モラルを含む。），問題発見・解決能力等の学習の基盤となる資質・能力を育成していくことができるよう，各教科等の特質を生かし，**教科等横断的な視点から教育課程の編成を図る**ものとする。

(2)　各学校においては，児童（生徒）や学校，地域の実態及び児

　童の発達の段階を考慮し，豊かな人生の実現や災害等を乗り越えて次代の社会を形成することに向けた現代的な諸課題に対応して求められる**資質・能力を，教科等横断的な視点で育成して**いくことができるよう，各学校の特色を生かした教育課程の編成を図るものとする。

　上記に認められる内容で注目されるのは「教科等横断的な視点」である。
　「教科等横断的な視点」では，「教育の目的や目標の実現に必要な教育内容等」であり，各教科の「内容」の具体を指してはいないことに留意することが重要である。
　学習指導要領解説総則編には，以下の解説がある（小・中 p.46）。

　言語能力，情報活用能力，問題発見・解決能力等の学習の基盤となる資質・能力や，豊かな人生の実現や災害等を乗り越えて次代の社会を形成することに向けた**現代的な諸課題に対応して求められる資質・能力を，教科等横断的な視点に立って育成すること**を規定している。また，各教科等においても，当該教科等の指導を通してどのような資質・能力の育成を目指すのかを，「知識及び技能」，「思考力，判断力，表現力等」，「学びに向かう力，人間性等」の三つの柱に沿って再整理し，当該教科等の目標及び内容として明確にしている。

　ここに示されている「教科等横断的な視点」からは，学習指導要領の各教科の「内容」の具体を教科等で横断することは示されていない。
　しかるに各学校では，カリキュラム・マネジメントとして，年間の指導の内容が一目できるよう，各学年で，横軸に 4 月から翌年の 3 月までの授業日程・時期をおき，縦軸に各教科等を配列した年間指導の内容の計画としての単元配列表，いわゆる別葉（各教科等にかかわる

指導の時期及び内容を整理し一覧できるもの）を作成することがある。

　単元配列表では，各学年の年間計画上の指導内容を各教科において
いつ行うかということに関して，関連のある内容を教科を越えて線で
結ぶことにより各教科をつなぎ，それぞれの内容の具体の関係性が一
目でわかる表を作成する。

　そこでは，各教科等の関連ある内容を結ぶことはできても，それは
あくまで内容を線でつなげて「見える化」を行ったにすぎない。その
ような，単元名・教材名や活動の内容を線で結んだ年間計画としての
単元配列表（別葉）では，指導する内容に関連性を認めることができ
ても，育成を目指す資質・能力の関連性を示すことはできない。その
ような単元配列表（別葉）を作成することが，カリキュラム・マネジ
メントとすることにも疑問が残る。なぜなら，この単元配列表をもと
にPDCAのサイクルとして評価を行うことはできないからである。

　この単元配列表を作成することをカリキュラム・マネジメントとす
ることがある。しかし，それはカリキュラム・マネジメントの一部で
あるかもしれないが，カリキュラム・マネジメントは教育課程全体に
わたってのものであり，単元配列表の作成をもってカリキュラム・マ
ネジメントとすることにはならない。

3 汎用的な資質・能力

　教科等横断的な資質・能力の育成の内容は，学習指導要領総則に示
されている「2　教科等横断的な視点に立った資質・能力の育成」に準
拠したものでなければならない。

　そこで「言語能力，情報活用能力（情報モラルを含む。），問題発見・
解決能力等の学習の基盤となる資質・能力」と「豊かな人生の実現や
災害等を乗り越えて次代の社会を形成することに向けた現代的な諸課
題に対応して求められる資質・能力」が示されている。しかし，それ
のみで具体は見えにくく，明示化されているとは言いがたい。

　それゆえ「教科等横断的な資質・能力」にはさまざまな解釈が生まれている。

　「教科等横断的な資質・能力」は，あくまで「資質・能力」であり，教科内容ではないことに気づきたい。

　フィンランドにおける汎用的な資質・能力は，学校教育で行われる「各教科目（Oppiaineet）・教育課程の構成（Monialaiset oppimiskokonaisuudet）」「目的（Tavoitteet）」「内容（Sisällöt）」「評価基準（Arviointikriteerit）」が学校の授業を通して行われる内容となり，その外側のマルの内側に示されている 7 つの資質・能力が，汎用的な資質・能力である（**図 10**，p.149）。学校の授業で育成された資質・能力が，外側に示されている汎用的な資質・能力に「じわーっとしみ込む」ことになる。

　フィンランド教育庁の専門官が説明された「汎用的な資質・能力」として示されている，「じわーっとしみ込む」7 つの内容は，繰り返しになるが，下記のものである。

- Ajattelu ja oppimaan oppiminen
    考えること・未知の課題に取り組む意欲と能力
- Kulttuurinen osaaminen, vuorovaikutus ja ilmaisu
    文化的コンピテンシー・相互作用・自己表現
- Itsestä huolehtiminen Ja arjen taidot
    自己管理・生活管理
- Monilukutaito
    多面的・多元的読解力
- Tieto- ja viestintä-Teknologinen Osaaminen
    ICT コンピテンシー
- Työelämätaidot ja yrittäjyys
    仕事の能力・起業家精神
- Osallistuminen, vaikuttaminen, Kestävän tulevaisuuden

rakentaminen
社会への参与と参画・持続可能な未来の構築

　上記に示されているフィンランドの汎用的な資質・能力の内容は，日本の学習指導要領に示されている教科等横断的な資質・能力としても行うべき内容でもあると考える。

　日本の学校教育における汎用的な資質・能力の育成についての問題点は，その対象を，学習指導要領の「教科等横断的」ということに焦点をあて，各教科間の「内容」において同じようなものを取り上げ，それを関係づけることで「教科等横断的」としていることである。

　各教科の「内容」の具体のみを単に結びつけることは，教科等横断的な資質・能力の育成にはならない。そこでは，教科間で共通する「内容」の具体を結びつけているだけであり，どのような教科等横断な資質・能力の育成を図るかについて，明らかにされていない。

　教科等の横断によって，各教科の「内容」の具体を線で結ぶのではなく，各教科の学びを通して「資質・能力」をいかに育成するかが問われているのである。

　フィンランドの「汎用的な資質・能力の育成」に示されている７つの資質・能力は，各教科等の学びの中において育成される資質・能力であり，さらに，それが汎用的な資質・能力として教科等横断的に通用する資質・能力でもある。

　それは，教科学習のみで育成されるものだけではない。さまざまな学校での教育活動によって，ある意味，目的的に行われる学習だけではなく，さまざまな学習を通して育成される資質・能力である。であるから，フィンランド教育庁の専門官は，「じわーっとしみ込む」という表現を用いているのである。

　明治以降，日本の学校教育では教科の学習が中心的に行われ，その成果も認められる。しかし，グローバル化した今日，未来社会（Society 5.0）の時代を迎えようとしている今日，これまでの学校教育の枠

組みの中だけでの教育では，対応しきれない資質・能力も多く出現してきている。

　それゆえ「汎用的」という用語を用い，これまでの教科内容の枠組みを超えた教育を行うことが重要となってきた。

　したがって，これまでの教科をもとに教科等横断的な資質・能力として教科の「内容」の具体を結ぶだけでは，汎用的な資質・能力の育成ということにはならないのである。各教科等の「内容」を超えた資質・能力は，各教科のみで育成することはできない。

　教科等横断的な資質・能力の育成に関して，教科の枠を超えた資質・能力を定義化しないと，これまでの教科の枠の中だけでの矮小化した「内容」にとどまってしまう。

　それゆえ，フィンランドでは，汎用的な資質・能力の 7 つを具体的に示している。

　日本では，教科等横断的な資質・能力とするものの，その内容を具体的には示していない。日本において，この教科等横断的な資質・能力に該当するのが，現在のところ「各教科等における言語活動の充実」であるいえよう。

　現行の 2008（平成 20）告示の学習指導要領と 2017（平成 29）年告示の学習指導要領では，「各教科等における言語活動の充実」を図ることが示されている。

　「各教科等における言語活動の充実」とは，「中央教育審議会（答申）」（平成 20 年 1 月 17 日）によって示され，2008（平成 20）年告示の学習指導要領から導入された。そこでは，次のように各教科等における言語活動の充実について述べている（「中教審 20 答申」p.53）。

　　各教科等における言語活動の充実は，今回の学習指導要領の改訂において各教科等を貫く重要な改善の視点である。
　（中略）国語をはじめとする言語は，知的活動（論理や思考）だけではなく，（中略）コミュニケーションや感性・情緒の基盤でもある。

（中略）発達の段階に応じて，記録，要約，説明，論述といった**言語活動**を行う能力を培う必要がある。

また，2017（平成29）年告示の学習指導要領第1章総則第1　2（1）（小p.17・中p.19）では，

　　基礎的・基本的な知識及び技能を確実に習得させ，これらを活用して課題を解決するために必要な思考力，判断力，表現力等を育むとともに，主体的に学習に取り組む態度を養い，個性を生かし多様な人々との協働を促す教育の充実に努めること。その際，児童（生徒）の発達の段階を考慮して，児童（生徒）の**言語活動**など，学習の基盤をつくる活動を充実するとともに，家庭との連携を図りながら，児童（生徒）の学習習慣が確立するよう配慮すること。

と，今回の学習指導要領改訂でも，各教科等における言語活動の充実は引き継がれているが，今回の改訂では，それまでの「討論」が「話合い」に変わり，「記録，要約，説明，論述，話合い」の言語活動となっている。（中央教育審議会『幼稚園，小学校，中学校，高等学校及び特別支援学校の学習指導要領等の改善及び必要な方策等について（答申）』〈平成28年12月21日，p.4，以下「中教審28答申」〉

　日本における汎用的な資質・能力自体は明示されていないが，現在の学習指導要領の内容からみると，それを育成する活動として各教科等において言語活動の充実を図ることが求められている。**（髙木）**

第4節

次代に生きる子どもたちに
必要な資質・能力

1　時代による学力（資質・能力）観の変化

　1872（明治 5）年の学制以来，日本の学校教育は，西欧先進諸国の
学校教育に追いつくことを目標としてきた。そこでは，第一次産業革
命後の欧米先進諸国の学問を取り入れることにより，日本における教
育を整備することが行われた。

　その日本の教育が大きく転換するのは，アジア・太平洋戦争の敗戦
である。戦後の教育は，アメリカ合衆国で行われている教育制度をも
とに，戦後の日本の学校制度を整備するとともに，学校教育の内容も
アメリカのデューイの理論に基づいた教育内容を取り入れた。そして，，
アメリカ合衆国の「Course of Study」（学習指導要領）をモデルにし
た教育課程としての学習指導要領の試案を 1947（昭和 22）年に出す
ことにより，日本の戦後教育が始まった。

　その戦後教育の流れの中で，日本の教育が質的に変わろうとする萌
芽が 1977・1978（昭和 52・53）年の学習指導要領の改訂であり，それ
をさらに 1989（平成元）年学習指導要領の改訂で具体化した。それま
での知識・技能の習得という認知面のみの教育ではなく，関心・意欲・
態度という情意面もあわせて育成する方向性が示されたのである。そ
して，その象徴となる生活科が設置された。さらに，1998（平成 10）
年の学習指導要領の改訂では，総合的な学習の時間の導入が図られ，
それまでの教科中心の学習からの転換を図ろうとした。しかし，この
改訂は，学校五日制の導入もあり，それまでの教科学習として行われ
ていた学習時間の厳選が図られた。

　この学習指導要領の改訂は，戦後，特に高度経済成長期における学校教育でのいわゆる詰め込み教育と偏差値による進学からの転換を図ろうとしたものでもあった。また，一般社会やマス・メディアも，それまでの教育のあり方を批判していた。

　この 1998（平成 10）年の学習指導要領の改訂は，産業構造の変化にもよるものであり，単なる知識の習得量のみが学力ではないとする考え方によるものであった。OECD も期を同じくして，2000（平成 12）年には PISA を開始し，知識の習得とその再生とを学力としてきたそれまでの学力観からの転換を図ろうとしていた。

　OECD は，それまでの読み書き能力としての Literacy を，2000 年の PISA で，「考える」学力として再定義化している。その中でも Reading Literacy（読解リテラシー）は，数学的リテラシーと科学的リテラシーとともに，先進諸国の学力（資質・能力）として定位され，その内容の定着についての調査を行った。

　世界的な学力観の転換が図られようとしている中で，日本の学校教育における学力観の転換も図られようとした。しかし，一般社会やマス・メディアは，それを「ゆとり教育」とし，それまで日本の教育で行われてきた知識の習得中心の学力観からの転換を図ろうとしたことを「止めた」ともいえる。

　このような日本の教育状況に対して，問題を突きつけたのが，2000（平成 12）年の PISA の結果であった。

　2000（平成 12）年の PISA では，数学的リテラシーと科学的リテラシーは，参加国の中でもトップクラスであったが，読解リテラシーに関しては，日本の学校教育の現状に対する課題が明らかになった。選択式問題は正答率が高かったものの，図や表を読んで自分なりに説明を行う記述問題や，文章を読み比べて自分の考えを記述する問題に関して無答が多いことが問題となった。要するに，選択式の問題に対しては解答することができるが，自分の考えを説明することや記述することができない，ということが明示化されたのである。

　この 2000（平成 12）年の PISA においてフィンランドは，数学的リテラシーと科学的リテラシー，さらに，読解リテラシーについても，全てにおいて優れた結果を残していた。そこで，この時期よりフィンランドの教育が，世界で注目を集めるようになったのである。

　PISA は，その後 3 年おきに，調査内容の重点を変えながら，現在まで調査が行われている。

　一方，日本では，2000（平成 12）年の PISA では，読解リテラシーの順位が 8 位であった。その後，2003（平成 15）年と 2006（平成 18）年の PISA で読解リテラシーの順位が，14 位と 15 位となり，日本においては 2007（平成 19）年から全国学力・学習状況調査が始まった（**図 1**，p.15）。

　この PISA にも認められるように，OECD を初めとする先進諸国においては，この時期に学力観の転換を図ろうとしていた。それは，OECD が，次代に向けて教育を重視し，教育により社会の発展と人類の未来をみつめ，よりよい未来を創るために，その行き先を模索しているからにほかならない。

　日本においても，このような未来を拓く教育のあり方について検討が行われ，それが実際の学校教育に機能するよう，その方向性が 2017（平成 29）年の小学校と中学校の学習指導要領の告示，2018（平成 30）の高等学校学習指導要領の告示によって示された。

❷ 次代が求める資質・能力

　時代は未来社会（Society 5.0）の時代を迎えようとしている。そこでは，これまで以上に AI や IOT が重視されることは自明である。

　次代が求める資質・能力の育成の内容に関しては，これまでにも既に OECD が指摘している教育の方向性と軌を一にしている。

　先進諸国においては，これまでの経済的な繁栄を持続可能になるよう，例えば SDGs（Sustainable Development Goals：持続可能な開発

目標）に象徴されるように，世界的な規模で人類の未来について考えていかなくてはならない時代を迎えている。

　特に，日本は，石油などの第一次的な資源はなく，貿易によって経済を動かすことにより成立している社会であり，食糧自給率が象徴するように，その約6割を輸入に頼っている現状がある。

　このような状況の中，国際社会でいかなる立ち居ふるまいをすれば国民が幸せに生きていけるかが，教育のあり方にかかっていると考える。戦後日本が，工業社会（Society 3.0）において高度経済成長を果たし経済的に豊かになったのは，ある意味，教育の成果であったといえよう。

　次代においても日本において幸せな社会，「Well-being（個人的・社会的によりよく幸せに生きること）」や「どのように社会・世界と関わり，よりよい人生を送るか（学びに向かう力　人間性等）」を教育によって実現を図るには，これまでの教育のよさを継承しつつ，それのみではなく，新たな教育に関する視角の導入を図らなくてはその実現はないであろう。

　これからの未来社会（Society 5.0）では，人間が果たす役割が，これまでの時代と大きく変わることは自明である。しかし，その内容は明らかではない。一方，未来社会への展望は，これまでの社会の検討からだけでは，得ることが難しいことも事実である。

　だからこそ，知識のみではなく知恵をはたらかせることが重要であり，求められている。これまでにない時代を迎える今日，歴史の中だけには未来を求めることのできない今日，次代が求める資質・能力がどのようなものであるかの想像力が求められている。

　それは，これまでの日本の学校教育で育成してきた資質・能力（学力）とあわせて，フィンランド教育庁が示しているような汎用的な資質・能力を育成することにあると考える。（**髙木**）

次代をフィンランドの教育に学ぶ

1 フィンランドの教育と日本の教育との間に

　日本や日本文化を考えたとき，かつては中国の影響を深く受け，その文化を日本独自の文化に同化させることで，日本文化となっている面もある。その象徴は文字であり，漢字文化だけではなく，平仮名やカタカナを創出し，文化を形成してきている。

　このような日本文化創出の特質は，現代日本のさまざまなところに今日も脈々と息づいていることは，まちがいない。そこには，他国の文化のよい面をしなやかに取り入れる日本文化の特徴がある。

　一方，海外の文化，しかも先進国といわれている文化への憧憬もある。明治以降の日本の教育は，フランスやドイツ，イギリスの教育を取り入れたものであり，アジア・太平洋戦争敗戦後は，アメリカ合衆国の教育の影響を大きく受けてきた。また，教育研究においても，今日でも海外の研究を先行研究とし，それを移入することが行われている。

　2000（平成12）年に行われたPISAによって読解リテラシー，数学的リテラシー，科学的リテラシーの調査が行われ，フィンランドの教育がその全てにおいて優れた結果が出たため，世界各国がフィンランドの教育に対して注目をした。

　そこで，さまざまな国が，フィンランドの教育の現状視察を行うようになった。それ以降，日本でもフィンランドの教育の視察が多く行われている。

　フィンランドでは，各県にわかれた自治体ごとの教育が行われてお

り，それぞれの地域の大学に教員養成課程がある。それぞれの教員養成課程を修了すると，フィンランド全土の幼稚園から高等学校までの教員になることができる。ただし，その就職については，日本のように都道府県教育委員会ごとの採用試験ではなく，学校ごとの公募であり，厳しいものがある。

フィンランドでは，自治体ごとに教育委員会があり，ある意味独立している。そのことは，自治体ごとに学校の授業に特色を生んでいる。

2000（平成 12）年の PISA の結果からフィンランドを訪問し，「フィンランド教育」として日本に紹介されたものの中には，これまで述べたように，一部のフィンランドの教育をみて，それが全体のものとして紹介しているものもあった。日本の学校見学をした外国の教育研究者が，ある一部の日本の学校をみて，それがあたかも日本全体で行われていると，日本の教育について語ることがある。それと同様なことを私たちは，フィンランドの教育にみてはいないだろうか。

フィンランドの教育も，2000 年に着目されてから既に 20 年を経過しようとしており，教育の内容は変化してきている。

フィンランドでは，フェノメノン・ベースとしての教育から，教育課程基準に示されている教育課程の中で，コンテンツ・ベースとしての資質・能力の育成とともに，コンピテンシー・ベースの資質・能力を育成する方向性が 2014 年の教育課程基準によって示されている。そこでは，次代に向けての新しい教育を，現在も模索している姿がある。

このようなフィンランドの教育課程基準改訂の方向性は，日本における 2017（平成 29）年告示の学習指導要領の方向性と軌を一にしているといえる。

この方向性は，OECD の求める教育の方向性とも，軌を一にしている。世界の先進諸国が，グローバル化した世界状況の中で，次代を生きる子どもたちに学校教育を通していかなる資質・能力を育成するか，その方向性がそこに示されているともいえよう。

　フィンランドの教育と日本の教育は，コンテンツとしての資質・能力とともに，コンピテンシーとしての資質・能力をともに育成するという方向性を，学習指導要領（フィンランドでは，教育課程基準）によって示していることで，教育として目指すベクトルが同じ方向を向いているといえる。

　2019（平成31）年3月にフィンランドを訪問した折に，ラクスタット（lagstad）にある学校博物館を訪れた。この博物館は，1873（明治6）年，フィンランドで初めて公立小学校として開設された小学校の建物を，当時のまま博物館として使用していた。小学校は，当時男女共学の約80人規模であった。この小学校では，既にこの時期から子どもたちへ無償で給食（毎日同じような麦のお粥）が出されていたことが注目される。

　日本における近代教育の始まりは，1872（明治5）年の学制によるものであり「邑に不学の戸なく家に不学の人なからしめん事を期す」ということから始まっているが，日本とフィンラントとは，ほぼ同時期に近代教育が始まっている。

　さらに，2014年にフィンランドの教育課程基準が全面的に改訂された。日本の2017（平成29）年告示の学習指導要領改訂の内容と，それは同じ方向性のものである。

　2016年にフィンランドの教育庁を訪れたとき，教育課程基準担当のエイヤ・カウッピネン専門官は，日本の学習指導要領作成にあたって作成された日本語で書かれている「学習指導要領総則の構造とカリキュラム・マネジメントのイメージ」（**図12**，「中教審28答申」p.442）を見て，日本語がわからないにもかかわらず，その図に書かれている6つの「カリキュラム・マネジメント」（図の太枠）の内容項目を言いあてた。カウッピネン専門官は，フィンランドのカリキュラムの構造と似ているので，なんとなくわかるとのことであった。このようなことからも，フィンランドと日本の教育のこれからの方向性が似ているということがわかるのではないだろうか。

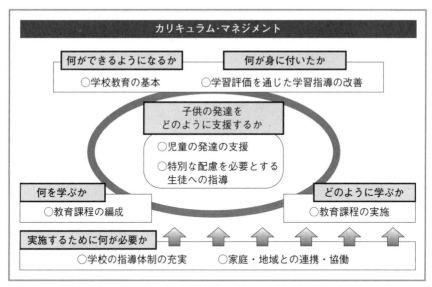

図12 学習指導要領総則の構造とカリキュラム・マネジメントのイメージ

---

2 フィンランドと日本の教育の立ち位置

　フィンランドは，地理的な位置がスウェーデン，ロシア（旧ソ連），ドイツ等の国に囲まれ，国家としての存続も苦労した国である。第二次世界外戦後もフィンランドは，国内唯一の資源であるロシア（旧ソ連）国境のニッケル鉱山をロシアに組み込まれてしまい，失っている。日本と同様に，資源そのものがフィンランドにもない。

　フィンランドは，ノキア（元々は，ゴム長靴を作る会社）が最大の会社であり，一時は，携帯電話で隆盛を極めたが斜陽し，現在また，復活を遂げている。時代に翻弄されながら，今日に至っている状況もある。フィンランド全体にわたる大きな産業はない。

　資源に恵まれていないのは，フィンランドも日本も同じである。

　そのような国が，世界の中で存在するには，教育が大きな意味をもつ。フィンランドでは，特にEU加盟以降，英語教育に力を入れてい

る。英語を使えなければ，EU の世界では，ある意味生きていけない状況がある。したがって，学校教育において英語教育には時間をかけているのが実情である。

このことは，フィンランドの小学校や中学校を訪問すれば，どの学校においても英語教育に時間を割いていることで理解できる。

それは，日本の学校教育の今日的状況とも似ている。

しかし，ツールとしての英語教育のみでは，国際社会においては通用しないことは自明である。それゆえ，フィンランドにおいては，コンテンツ・ベースとしての資質・能力とコンピテンシー・ベースとしての資質・能力を育成するとともに，汎用的な資質・能力も育成しようとしている。

この汎用的な資質・能力の育成については，フィンランドと日本とでは，内容の受け止め方にずれがある。

フィンランドにおいては，既に7つの汎用的な資質・能力が教育庁より示されており，それが日々「じわーっとしみ込む」ことを目指した授業が行われている。

一方，日本においては，カリキュラム・マネジメントという名の下に，教科等横断的な資質・能力として単元配列表（いわゆる別葉）を作成するすることで事たれりとしている面があることは，次代が求める資質・能力の育成について大きな問題であることは自明である。それでは，教科等横断的な「内容」の育成にとどまり，これからの時代が求める資質・能力の育成が行えない。

今こそ，フィンランドの教育を参考にしつつ，これからの時代を生きる日本の子どもたちに，学校教育を通して汎用的な資質・能力を育成することが求められる。

このことについて，「中教審28答申」（p.32。ゴチックは引用者）に，以下の指摘がある。

　　各教科等で育まれた力を，当該教科等における文脈以外の，実社

会の様々な場面で活用できる**汎用的な能力**に更に育てたり，教科等横断的に育む資質・能力の育成につなげたりしていくためには，学んだことを，教科等の枠を越えて活用していく場面が必要となり，そうした学びを実現する教育課程全体の枠組みが必要になる。

さらに，「答申」（p.34 註 68。ゴチックは引用者）では，

　　日本学術会議は分野別に大学教育の教育課程編成上の参照基準を作成しているが，その中では，各学問分野が，どのような世界の認識の仕方や世界への関与の仕方を身に付けさせようとしているのかという特性を踏まえ，分野に固有の知的訓練を通じて獲得されるが**汎用的な有用性をもつ力（ジェネリックスキル）**が明確化されている。こうした取組は「見方・考え方」と共通の方向性をもつものと考えられ，教育全体の質の改善・向上を支えていく役割を担うものである。

　この汎用的な有用性をもつ力（ジェネリックスキル）を，小学校，中学校，高等学校においても育成することが，日本のこれからの学校教育には求められている。

　これまでの日本の学校教育においては，教科学習がその中心的に位置づけられてきた。しかし，教科学習の内容のみでは，これからの未来社会（Society 5.0）の時代を生き抜く資質・能力の育成は難しいと考える。

　フィンランドの教育では，既に汎用的な資質・能力の育成を図ろうとしている。そのモデルをもとに，日本の学校教育においても，次代が求める汎用的な資質・能力のあり方を検討する時代となっている。

　これまで行ってきた「フィンランド詣」ではなく，次代が求める資質・能力を，今日のフィンランドの教育から学ぶことに，大きな意義がある。（髙木）

「読解力」
——読解リテラシー（Reading Literacy）とは

OECD の国際学習到達度調査（PISA）は，2000 年から始まった。

15 歳の生徒を対象とし，「Reading」「Mathematics」「Science」のそれぞれの Literacy について，3 年ごとに 6 月から 7 月にかけて調査が行われている。その調査問題は 2015 年から CBT に変わっている。

2018 年調査の結果が，2019 年 12 月 3 日に公表された。そこでは，日本の 15 歳の生徒の結果が，前回（2015 年）の読解力の順位 8 位から 15 位に下がったことで，マス・メディアは大きく報道した。しかし，その兆候は，前回の 2015 年の調査問題が PC 画面上での出題・解答形式の CBT に切り替えられた時から，既にみえていた。

日本の学校教育において一週間の授業でデジタル機器を利用しないと回答した生徒は，国語で 83％，数学で 89％，であり，利用しているのは，国語で 17％，数学で 11％ という実情がある。また，家庭においても PC を学習として使う機会は多くない。

一方，PISA の「読解力」（読解リテラシー）の定義は，「自らの目標を達成し，自らの知識と可能性を発達させ，社会に参加するために，テキストを理解し，利用し，評価し，熟考し，これに取り組むこと。」とある。日本の国語で言われている【読解力】とされる「文章の内容を読み取り，理解する力」とは，その対象とする内容が全く異なっている。言葉は同じ「読解力」であっても，その内容と意味は別物である。

今回の調査結果からは，次の点が指摘されている。

◆読解力の問題で，日本の生徒の正答率が比較的低かった問題には，テキストから情報を探し出す問題や，テキストの質と信ぴょう性を評価する問題などがあった。

◆読解力の自由記述形式の問題において，自分の考えを他者に伝わるように根拠を示して説明することに，引き続き，課題がある。（髙木）

第6章

これからの時代に 求められる資質・能力

　時代が変わる中で，教育もそのあり方が問われている。教育は未来を生きる子どもたちに，未来を生きる資質・能力の育成を図らなくてはならない。次代に生きる子どもたちに培う資質・能力はいかにあるか，その方向を探る。

スマホを用いて英語ワークブックの学習（9年生・タピオラ中学高等学校）

第1節 日本の学習指導要領改訂と そこで求める資質・能力

1 時代の変化と資質・能力（学力）観の転換

　日本において先に告示された新学習指導要領が，小学校では2020（令和2）年から，中学校では2021（令和3）年，高等学校では2022（令和4）年から順次実施される。これまでの日本の学校教育のよさを継承しつつ，新しい時代の教育が始まろうとしている。

　この新しい時代の教育は，1872（明治5）年の学制の発布から1945（昭和20）年のアジア・太平洋戦争敗戦までの約70年間，そしてその後，今日までの約70年間という時代の流れの中で大きく転換しようとしている。

　この間，1800年代後半からの蒸気機関の発明による工業化が行われた第一次産業革命，1900年代の技術革新における電気による原動機の発達により，工場の労働制が進み大量生産が行われるようになった第二次産業革命，さらに，原子力エネルギーやコンピュータ等のデジタル技術の出現による第三次産業革命を経て，今日，AIやIOTによる第四次産業革命の時代を迎えている。

　また，Society 1.0（狩猟社会），Society 2.0（農耕社会），Society 3.0（工業社会），Society 4.0（情報社会）といった分け方でみると，これからの時代は，Society 5.0（未来社会）というようにもなってきている。

　このような時代の変化の中で，近現代の教育は，これまでの技術革新を支えつつ，その実用に向けてのさまざまな人間の生活や経済活動に機能するものとして発展してきたともいえよう。言いかえれば，教

育は，人間の生きることに機能するための活動ともいえよう。それゆえ，教育は常に可変的なものであり，状況の中で変わり続けるものでもある。また，その価値も一定のものではなく，状況にそった内容にならざるをえない。

　常に変化する時代状況の中で，教育に求められる普遍は，人間が「生きる」ことに深く関わる営為であるといえよう。

2　学習指導要領における学力（資質・能力）観の転換

　これまで「学力」を学校教育で育成してきたが，「学力」という学校教育の中に閉ざされた用語ではなく，生涯にわたって成長し続ける意味も含め「資質・能力」という用語を使うようになってきた。

　2017（平成29）年3月に告示された新学習指導要領では，学力という用語は使用されていない。また，2008（平成20）年の前回の学習指導要領でも学力という用語ではなく，既に資質・能力という用語が使用されている。この資質・能力には，生まれたときから本来的にもっている資質・能力にとどまることなく，育つ過程や学校教育の中で，さらに伸び，充実させることも含んだものとなっている。

　新学習指導要領では，育成を目指す資質・能力の三つの柱として，

　(1) 知識及び技能が習得されるようにすること。

　(2) 思考力，判断力，表現力等を育成すること。

　(3) 学びに向かう力，人間性等を涵養すること。

をあげている（**図13**，p.190）。そこには，戦後日本の教育が行ってきた知識の習得量とその再生の正確性を主とする学力（資質・能力）観の転換が見て取れる。

　この学力（資質・能力）観の転換は，小学校1977（昭和52）年・中学校1978（昭和53）年の学習指導要領（告示）に向けた1976（昭和51）年12月教育課程審議会「小学校，中学校及び高等学校の教育課程の基準の改善について（答申）」において，「自ら考え正しく判断で

きる児童生徒の育成ということを重視し」，以下の内容が示された。

①人間性豊かな児童生徒を育てること。
②ゆとりのあるしかも充実した学校生活が送れるようにすること。
③国民として必要とされる基礎的・基本的な内容を重視するととも
　に児童生徒の個性や能力に応じた教育が行われるようにすること。

　ここに，日本の学習指導要領上初めて「ゆとりのあるしかも充実した」という文言が表現された。このことが，以降「ゆとりと充実」と表現されることとなる。

　「ゆとりと充実」が導入された理由は，それまでの昭和30年代・40年代の日本の学校教育が，大学入試を頂点とする知識の習得量と再生の正確性とを問う，いわゆる「詰め込み教育」の学力観から転換を図ろうとしたためでもある。

　そこで，当時の文部省は，各教科の指導内容を大幅に精選することにより授業時間を減らすことを行った。

　この授業時間の削減を，1977（昭和52）年の学習指導要領改訂では「教育課程の精選」としたが，1998（平成10）年学習指導要領改訂では，それをさらに一層行うために「教育課程の厳選」とした。

　今日の日本の教育に大きな影響をもたらしたのは，1996（平成8）年の中央教育審議会「21世紀を展望した我が国の教育の在り方について」の第一次答申である。

　そこでは，21世紀を展望し，我が国の教育について，［ゆとり］の中で［生きる力］を育むことを重視することを提言した。

　［生きる力］は「いかに社会が変化しようと，自分で課題を見つけ，自ら学び，自ら考え，主体的に判断し，行動し，よりよく問題を解決する資質や能力」，「自らを律しつつ，他人とともに協調し，他人を思いやる心や感動する心など，豊かな人間性」，そして，「たくましく生きるための健康や体力」として示している。

この答申においては，次の諸点に留意して改善を図ることを提言している。

①豊かな人間性や社会性，国際社会に生きる日本人としての自覚の育成を重視すること。

②多くの知識を一方的に教え込む教育を転換し，子どもたちの自ら学び自ら考える力の育成を重視すること。

③ゆとりのある教育活動を展開する中で，基礎・基本の確実な定着を図り，個性を生かす教育の充実を図ること。

④各学校が創意工夫を生かし特色ある教育，特色ある学校づくりを進めること。

さらに，答申では，［ゆとり］の中で［生きる力］を育む観点から，完全学校週5日制の導入を行うことを求めており，それは2002（平成14）年度から実施されている。また，学習指導要領の内容においても，例えば，授業時間や授業時数の運用の弾力化，小学校国語において教科の目標や内容を二学年まとめて示すこと，社会科の歴史や算数・数学において重複する内容を調整することなど，教育課程の大綱化の中で「教育課程の厳選」を図った。

3 資質・能力（学力）観の転換が意味するもの

「21世紀を展望した我が国の教育の在り方について」（第一次答申）において示された［生きる力］は，それまでの学力とされてきた知識の習得量と再生の正確性のみを対象とすることからの転換を図ろうとしていた。それは，日本だけではなく，OECDなどの先進諸国がこれからの学校教育において育成しようとする資質・能力（学力）観を，先取りしたものであったといえよう。それは，次代が国際化に向かっていることを見越してのものでもあった。

　しかし，この学力（資質・能力）観の転換は，これまでの学力観の中で育ってきた当時のマス・メディアや有識者・世論，さらに保護者たちには，認められにくいものであったのかもしれない。また，学習塾等も営業上の理由から，この学力観に反対する面もあったことは先にも述べた（第2章第1節）。

　確かに，受験学力としての習得した知識は，その後社会に出たときに有用なものもある。答申の内容を読むと，知識を習得することの必要性を謳ってはいるものの，その主張は，どちらかというと「子どもたち自ら学び自ら考える力の育成」に重点がおかれていた感はある。新しい学力（資質・能力）観に転換するには，それまでの自己の受けてきた原体験としての教育観から転換することが求められる。しかし，それは，誰もが体験したことのない教育観であるがゆえに転換しづらく，現状を肯定することになる。

　学習指導要領改訂は，ほぼ10年スパンで行われてきたが，この「ゆとり」教育批判を受け，2003（平成15）年に学習指導要領のねらいの一層の実現を図ることから，内容の一部改正をした。そこでは，学習指導要領に示していない内容を指導できることを明確化したり，個に応じた指導の例示に小学校の習熟度別指導や小・中学校の補充・発展学習も追加したりして，学習指導要領の基準を超えた学習を認めた。

　このことは，学習指導要領は最低水準と規定したことにもなる。この歯止め規定の削減により，各学校においては「発展的な学習内容」が指導可能となった。

　この学習指導要領一部改正により，マス・メディアや有識者，世論からは，「ゆとり」教育からの転換が図られ，「ゆとり」教育は失敗であった言われた。

　教育は，未来を創ることにある。子どもたちが成長し，さらには，生涯にわたって必要な資質・能力を育成することが，教育には課せられている。それゆえ「教育は未来への投資」といえよう。

　現状肯定のみでは未来を創ることはできない。それまでの教育のよ

さを肯定しつつ，それにたりない，さらにこれからの時代が求める資質・能力に対しての教育を行うことが求められている。

2017（平成 29）年 3 月に告示された新学習指導要領は，これからの未来に向けて子どもたちを，いかに育成すべきかの資質・能力を示している。子どもたちが成長し，大人になったときに必要とされる資質・能力が，いかなるものかを予言することはできない。しかし，時代が変わる中で求められる汎用的な資質・能力の育成は，学校教育において担わなければならない。

そこに求められているものは，「明日の教育への道しるべ」でもある。

（髙木）

時代潮流の中での
資質・能力観の転換

1 時代が求める資質・能力観への転換

　今，世界の先進諸国は，次代がどのようになるか，そこに向けた教育のあり方を模索しているともいえよう。例えば，中華人民共和国においては，1980年代後半に入ってから，これまでの「応試教育」（受験に向けた詰め込み教育）から「素質教育」（国民の素質の向上を目指した教育）が導入され，さらに教育の方法を変えようと，子どもを教育の中心に据えた「新教育」も，一部の都市の学校で始まっている。

　「素質教育」には，思考力・判断力・創造力や学習意欲，さらに自己管理能力等も含まれている。このような教育状況に関わって中華人民共和国もまた，フィンランドの教育のよさを取り入れようと，フィンランドの学校に，近年，多数訪問している。

　このような資質・能力（学力）観の転換は，時代潮流であるともいえよう。

　AIを使用した教育が行われ，単に知識を習得することのみが学校教育の目的でなくなりつつある。21世紀を迎えた時点でOECDのPISAが行われ，それに伴ってDeSeCoによるキー・コンピテンシーが示され，「知識・技能」とともに，「思考力・判断力・表現力等」の学びを通した資質・能力の育成をOECDは求めている。まさに，これからの時代が求める教育における資質・能力のあり方と，その方向性の潮流がそこに認められる。この教育における世界潮流には，教育のあり方が，既に知識を習得し，再生することのみにとどまらない資質・能力観への転換の方向性が認められる。

　学校教育の内容の質的転換は，既にこれまでも行われてきている。それは，教師からの教授による学習システムではなく，これまでの教科の枠をこえたテーマ（トピック）について，さまざまな角度から学習する方法であるトピック学習や，学習者がチームを組み，課題を設定してその課題を解決していくプロジェクト学習に認められる。このように，教師主導型の授業から，子どもたちを中心とした学びそのものへの転換が図られてきている。

　これらの動きは，既成の知識による教育内容の固定化したパラダイムの転換を図ることにより，変革する社会に通用する資質・能力の育成を図るためのものでもある。

　21世紀を迎え，次代に通用する資質・能力を育成するには，既にある教育制度や教育方法からのパラダイム転換が重要となる。フィンランドと日本における教育改革は，まさに，教育における資質・能力観のパラダイム転換を図るために行われているといえる。

2　日本の学校教育が育成を目指す資質・能力

　「中教審28答申」（p.441）において，これからの時代に育成すべき資質・能力の三つの柱を，次ページの**図13**のように示している。

　2017（平成29）年3月に告示された学習指導要領では，この図に示されている資質・能力（学力）を初等・中等教育によって育成しようとしている。これらの資質・能力は，日本では1980（昭和55）年告示の学習指導要領に，その萌芽が認められる。この学習指導要領では，「ゆとりと充実」と「個別化・個性化」を図ろうとしたのである。

　さらに，この学習指導要領改訂に合わせた指導要録では，学校評価において観点別学習状況の評価である「関心・態度」が導入された。それまで学力とされてきた認知面（知識・技能の習得）のみを学校教育で育成するだけではなく，情意面（関心・態度）も取り入れた学力（資質・能力）の育成を図ろうとしていることが注目される。

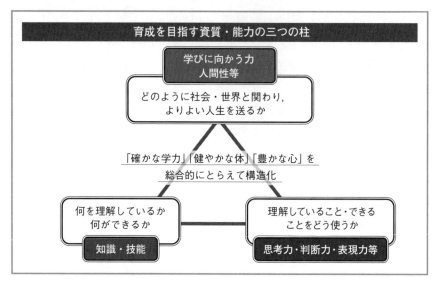

図13 | 育成を目指す資質・能力の三つの柱
▶「中教審 28 答申」より

　　また，大学入試では，国立大学共通一次試験が 1979（昭和 54）年
から始まり，1990（平成 2）年から大学入試センター試験に移行した。
大学入試制度に関しても，1980 年代から改革が始まったことが認め
られる。そこには，戦後教育として育成してきた資質・能力（学力）
観の転換を図ろうとしていることが認められる。

　　このような学習指導要領の改訂に合わせ，日本の資質・能力（学力）
観は，これまでの文脈の中で変化し始めている。このような資質・能
力（学力）観の変化は，日本だけではなく，先進諸国においてもこれ
からの教育における大きな課題となっている。

　　変化しようとしている資質・能力（学力）観の課題は，先進諸国に
共通する資質・能力（学力）の要素と内容である。そこでは，知識・
技能としての認知面やスキルに関すること，情意面に関する内容を整
理したり対象化したりすること，そして，それをいかに育成するかな
どが課題となっている。

　日本においては，左の**図13**に示された要素が，これからの時代に求める資質・能力の構成要素となっている。これが，2017（平成29）年3月に告示された学習指導要領における資質・能力の基本構造である。

　ここには，これまで学力として機能してきた「知識・技能」のみでなく，「思考力・判断力・表現力等」と「学びに向かう力　人間性等」があげられている。

　この図の中心には，1996（平成8）年7月の中央教育審議会「第一次答申」（21世紀を展望した我が国の教育の在り方について）に示されている，［生きる力］が定位している。

　そこには，21世紀を展望し，これまでの知識の習得に偏りがちであった教育から，自ら学び，自ら考える力などの［生きる力］を育成する教育へとその基調を転換しようとする方向が認められる。

　「育成を目指す資質・能力の三つの柱」の三角形の底辺には，「知識・技能」と「思考力・判断力・表現力等」の二つが位置づけられている。この二つの要素は，認知面の資質・能力（学力）である。

　2007（平成19）年6月に学校教育法が改訂された。その学校教育法第30条第2項は，次のものである。

　第三十条

　2　前項の場合においては，生涯にわたり学習する基盤が培われるよう，基礎的な知識及び技能を習得させるとともに，これらを活用して課題を解決するために必要な思考力，判断力，表現力その他の能力をはぐくみ，主体的に学習に取り組む態度を養うことに，特に意を用いなければならない。

　　　＊第四十九条で中学校，第六十二条で高等学校，第七十条で中等教育学校に準用

　上記には，学校教育において重視すべき三つの要素として，「基礎

的な知識及び技能」，「思考力，判断力，表現力等」，「主体的に学習に取り組む態度」が示されている。

図 13 に示されている「育成を目指す資質・能力の三つの柱」のうち「知識・技能」と「思考力・判断力・表現力等」は，学校教育法第30条第2項で示されている学力の重要な三つの要素のうちの「知識及び技能」と「思考力，判断力，表現力等」に相当する。「主体的に学習に取り組む態度」は，情意面の資質・能力（学力）である。

「育成を目指す資質・能力の三つの柱」には，学校教育法第30条第2項に示されている「主体的に学習に取り組む態度」ではなく，「学びに向かう力 人間性」が定位している。

「主体的に学習に取り組む態度」は，学習評価としての観点別学習状況の評価で扱う内容としてのものとなる。それは，学習指導要領に示されている〔知識及び技能〕と〔思考力，判断力，表現力等〕で認知面の学習評価を行い，「主体的に学習に取り組む態度」では情意面の観点の評価と行うこととの整合性を図っているためである。なお，情意面の学習評価として評価を行うことのできない個人のよい点や可能性，進歩の状況については，個人内評価として観点別学習状況とは別に記述等により，一人一人の子どもに対しての学習評価を行うことになる。

したがって，これからの日本の学校教育における資質・能力（学力）の育成では，「育成を目指す資質・能力の三つの柱」を軸に行うことが求められている。

これまでも述べてきたが，この資質・能力（学力）の転換は，日本のみではなく，先進諸国におけるこれからの次代に求められる資質・能力の転換とも軌を一にしているのである。

3 2030年までに目指す教育のモデル

OECD は，「教育として2030年までに求める学びの枠組み」（Education2030 Learning Framework）として，次ページのような概念的な枠組みを示している（**図14**）。

　OECD は，「Globalcompetency for an indusive world」（包括的な世界のためのグローバルコンピテンシー）として，「What do children have to learn?（子どもたちは何を学ぶべきか？）」を示した。これは，2030 年までに子どもたちに育成すべき資質・能力の要素を，OECD として示したものである。そこでは，図の左側に育成すべき資質・能力として「Knowledge」・「Skills」・「Attitudes and Values」が位置づけられている。

　この「Knowledge」・「Skills」・「Attitudes and Values」の３つの要素が関わりながら統合化され，「Competencies」としての資質・能力が育成されることが，図の中ほどに示されている。

　日本の学校教育において育成すべき学力の三つの重要な要素としての資質・能力は，学校教育法第 30 条第２項に示されているように「生涯にわたり学習する基盤」を培い習得し，それらを活用して課題を解決することである。

　図14 では，育成された「Competencies」が「Action」として表出することになる。育成すべき認知面と情意面との資質・能力が表出されることにより，より明示的になることが理解できる。それは，内言が外言化し表出されることにより，より確かな資質・能力として定位することでもある。

　「Competencies」が「Action」として表出することの先に，「Compass（方位磁石）」が示されている。

　この「Compass」の中の三枚の羽には，「Creating New Values（新しい価値の創造）」・「Coping with Tensions & Dilemmas（緊張や対立・ジレンマへの対処）・「Taking Responsibility（責任ある行動）」が描かれている。

　三枚の羽に示されている資質・能力は，認知面と情意面の資質・能力が統合されて，意味あるそれぞれの資質・能力として形成されてい

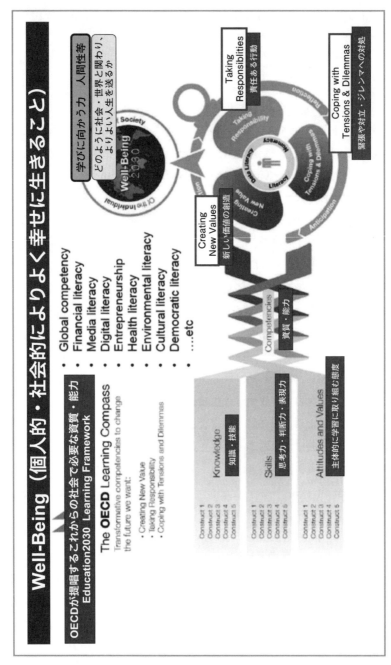

図14｜教育として2030年までに求める学びの枠組み（OECD）

▲ 「OECD Education2030」（2018年）に日本語訳を追記

る。

　さらに，この統合された三つの資質・能力の先に「Well-being（個人的・社会的によりよく幸せに生きること）」を位置づけている。この Well-being こそ，OECD が先進諸国に求めるこれからの時代の資質・能力（学力）観である。

　この Well-being は，日本のこれからの時代に求める資質・能力（学力）としての「育成しようとしている資質・能力の三つの柱」と軌を一にしている。Well-being が示している「個人的・社会的によりよく幸せに生きること」と，「学びに向かう力　人間性」の「どのように社会・世界と関わり，よりよい人生を送るか」とは，教育における資質・能力の育成に関し，同じベクトルを示しているといえる。それは，これからの社会で求められる必要な資質・能力である。

　このようにみてくると，新学習指導要領が求めるこれからの教育の目指す方向と，OECD が目指す方向が一致していることがわかる。

　まさに，世界潮流として教育を行う方向性は，個人と社会との関係の中で，一人一人がよりよく生きることに教育の機能が求められる時代となっていることが理解できよう。

　そして，そこにおいて一人一人の個の資質・能力の伸長を，学校教育で育成することが，今日，求められている。**（髙木）**

第3節

フィンランドの教育の
今後の課題

1 事件，そして課題

　現行版の教育課程基準 2014 には，2000 年代に露見したさまざまな
課題，そして教育に関わる事件に取り組むものとしての側面もある。

　教育課程基準 2004 の施行直後，フィンランドの高校進学希望者選
考システムを揺るがすような事件が発生した。ある高校で新入生を対
象に学力テストを実施したところ，一部の生徒の教科学力が，その学
校に入学を許可されるレベルには，明らかに到達していなかった。そ
して，その一部の生徒は，同じ基礎学校の出身者であった。直ちに出
身校の成績関連資料が精査され，調査対象となった生徒の，テストの
素点と成績証明書の評定に明らかな隔たりがあること——要するに，
教師によってゲタをはかされていたことが明らかになったのである。
事態を重く見た教育庁が調査対象を全国規模に広げたところ，同様の
ケースが多数見つかったのである。現行版教育課程基準の施行にあた
っては，教科学力の評価の透明性と公平性を徹底し，「教科学力の評
価に，行動評価を加味してはならない」ことを改めて周知徹底してい
るが，その背景には，このような事件の存在があったのである。

　また，全国学力状況調査（9 年生対象／抽出式）によれば，生徒の
数学と母語の学力は 2004 年から 10 年連続で低下を続け，かつては
上位を独占した PISA や TIMSS など，国際テストの成績も 2000 年
代後半から低下を続けていた（ただし，国際テストについては，上位
グループから脱落してはいない）。学力低下の背景には，フィンラン
ド語やスウェーデン語を母語としない生徒の増加もあるが，再び「学

校と社会の乖離」が起こりつつあることも指摘された。「学校は『社会で役に立つこと』を教えるところ」を標榜するフィンランドとしては，看過できない事態である。現行版教育課程基準が，「社会で役に立つこと」＝汎用的な資質・能力を目標としつつ，教科学力の充実も図ろうとしている背景には，このような問題意識もあったのである。

　2008年には，ユバスキュラ大学の2人の研究者によって，「3分の1の教師が，教師に必要とされる資質・能力を欠いている」との，衝撃的な発表がなされた。これからの時代の教師には，多様な人々と対話して，人間関係を形成する資質・能力が求められている。しかし，現役教師の3分の1は，その資質・能力を欠いているというのだ。さらに，ユバスキュラ大学の教員養成課程の学生を調査したところ，いまだに「教師とは権威である」と考えている学生が少なくなく，そういった学生には，自分の考えを押し通す一方で，他人の話を聞かない傾向があることが明らかになった。これらの調査結果を踏まえ，教員養成課程の選考基準から見直すべきではないかと提言したのである。「教師の質の高さ」を標榜してきたフィンランドであるが，それをフィンランドの研究者が真っ向から否定してしまったのだ。

　2016年，現行版教育課程基準の施行に合わせて，教育文化省と教育庁は「未来の教師に求められる資質・能力の目標」を発表した。これは「汎用性のある基礎的資質・能力」，「創造的な専門性と行為主体性」，「個人と社会の持続的成長」を三つの柱とするものであり，いわば「理想の教師」の備えるべき資質・能力を列挙したものである。ただし，これはあくまでも指針であって拘束力はなく，教員養成課程の選考方法と教育内容は各大学の裁量に任されている。

2　増加する移民

　移民問題は，一般に欧州各国共通の問題とされるが，問題に対処してきた歴史は国によって異なる。移民人口の多寡だけで，単純に問題

の大小が決まるわけではない。フィンランドの移民受け入れの歴史は
きわめて浅く、EU（欧州連合）加盟国として「移民・難民の秩序ある
流入管理」に関する法整備を行ったのは1999年のことである。現在，
フィンランドに移民として受け入れられれば，手厚い生活支援，就労
支援，就学支援などを受けることができる。今後，そういった移民の
人口が増加したとして，フィンランド社会に包摂していくことができ
るかどうか，経験がないためにわからないのだが，そのわからないこ
と自体が「問題」であるとされる。先年のシリア難民問題のときも，
社会的には同情論が高まったものの，EUの方針に振り回されている
ようでは，かつてフィンランドが大国の思惑に「流木（ajopuu）のよ
うに」流されていたのと変わらないとの指摘がなされたものである。

　近年，都市部の周辺で移民人口が急増しており，学校における移民
の子どもたちの割合も急増している。学校によっては，8割以上が移
民の子どもたちというところもあり，そこの先生たちは「ここではフ
ィンランド語が少数言語になってしまっている。移民の子どもたちの
言語もさまざまだし，保護者に話は通じないし，もうどうしようもな
い」と自嘲的に語ったものである。学校においても「必要な支援は全
て提供する」との原則が貫かれているが，その学校のように，現実問
題として，予算的にも人的にも対応不可能な状況に陥っている学校も
出てくるようになってしまった。

　現行版教育課程基準では，「評価面談」が重要な役割を果たしており，
児童生徒本人のみならず，保護者との意思疎通も欠かせない。児童生
徒は学校でフィンランド語（あるいはスウェーデン語）を習うから，
徐々に意思疎通が図れるようになるが，保護者は，学習機会は提供さ
れているものの，それを必ずしも活用しきれていないことがある。そ
こで，首都ヘルシンキに隣接するヴァンター市は，2018年度より，「お
母さんといっしょプロジェクト（Äidit mukana-hanke）」という，お
もしろいプロジェクトを始めた。移民の子どものお母さんたち（フィ
ンランドでは珍しく「お母さん限定」だが，これが現実的な対応との

ことである）が，子どもの学校にいっしょに通い，小学校1・2年の
クラスに参加して，フィンランド語を第二言語として習得するという
のである。少なくとも現時点では，教師の側も，保護者の側も，プロ
ジェクトの効果を実感しており，満足度も高いようだ。今後は各地で，
こういった試みがなされていくことだろう。

3　進まぬ理解

　筆者らは，2016年度から3年間にわたって，フィンランドの現行
版教育課程基準の実施状況の調査をしてきた。そこでわかったのは，
現行版教育課程基準について「理解が進んでいないこと」が最大の問
題であるということだ。

　それは，2017年度，つまり実施2年目の，教育庁専門官の次の発
言に，よく表れている（詳しくは第4章参照）。

　　マス・メディアは「全く機能しない教育課程基準」，「子どもたち
　をダメにする教育課程基準」と叩いていますし，教師たちは資質・
　能力の評価にとまどって，「人間性を査定しろというのか？」と反
　発していますし，保護者たちは「評価の方法が変わると，高校の選
　考基準も変わるのではないか。前の点数だけの評価に戻してほし
　い」と不安を表明しています。ただ，こういった反応は，ある程度
　は想定していました。学校の文化を改革するというのは，これほど
　までに大ごとなのです。とりあえず私たちは，じっくりと丁寧に説
　明を繰り返して，誤解を解いていかなければなりません。

　マス・メディアの反応はともかくとして，実施2年目になっても，
保護者はもちろんのこと，教師ですら，現行版教育課程基準の評価方
法について理解していないことがわかる。

　また，この時点では，教科の指導と学習においても，さまざまな誤

解が蔓延した時期だった。少なからぬ教師が，フェノメノン・ベース学習を拡大解釈して，日々の教科学習に適用し，小学生に「自分の学びたいこと」を「自分のやりたい方法」で学ぶことを奨励したのである。これは現行版教育課程基準についての誤解に加え，「学ぶべきこと」を学んでから「学びたいこと」を学ぶという原則を忘れた事例である。

2018年度，つまり実施3年目に入ると，誤解も徐々に解け，理解が進んできたことがうかがわれる。再び教育庁専門官の言葉を引用しよう（詳しくは第4章参照）。

教科と資質・能力の関連づけが曖昧との指摘をいただいています。自治体や学校の裁量に任せる部分を多くしたため，国と自治体の方針のずれ，学校による指導内容の違いが，これまで以上に拡大しているとの批判もあります。自治体や学校によっては，資質・能力の評価について，教師—家庭—児童生徒の相互作用が，全く機能していないとの苦情もあります。どの自治体からも，新教育課程基準への移行に向けて，もっと時間と予算をほしいとの声が上がっていますね。ただ，昨年度までのような感情的な批判ではなく，建設的な批判や具体的な要望が増えていることからも，一定の理解が進んだものと解釈しています。

実施3年目にして理解が進んだとのことだが，その「理解」を踏まえて「うまくいっていない」「全く機能しない」という否定的な反応ばかりなので，喜んでよいものかどうか。また，教師たちの話をうかがうと，いまだに「汎用的な資質・能力の評価はピンとこない」「自分のやりかたでよいのかどうか，自信がない」といった声が多く聞かれる。3年目にしてなお，充分な理解が得られたとはいえない状況なのである。

2018年3月，フィンランドの教育界にとって，うれしいニュース

があった。若者の意識調査を実施している団体の発表（Nuoriso-barometri）によると，フィンランドの若者の96%が「新しいことを学ぶのは楽しい」「知識や技能を習得するのは価値のあることだ」と考えており，94%が「教育を受けることによって就業機会が拡大する」と考えているというのである。全体として，「大多数の若者がフィンランドの教育を信頼している」と解釈できる結果だったというのだ。これは，生涯学習という観点からも肯定的な結果であるとともに，フィンランドの教育政策を進めるうえでも喜ばしい結果といえるだろう。

　フィンランドでは伝統的に「教育は未来への投資」とされ，多くの予算が教育に注ぎ込まれてきた。それが可能だったのは，国民がフィンランドの教育を信頼していたからである。これまでに述べてきたように，さまざまな懸念材料はあるものの，教育に対する国民の信頼があるかぎり，フィンランドの教育は安泰といえるのではないだろうか。
（北川）

用語ミニ解説・掲載図表一覧

●用語ミニ解説

本文中に出てくるいくつかの用語を取りあげ，簡単な解説をつけました。最初の数字は初出のページ，（　）内の数字は，その語が出てくる主なページです。

なお，☑は，フィンランド語表記です。

10　PISA〈Programme for International Student Assessment〉　2000 年に始まった OECD による学力（資質・能力）の調査。（13・16・44・60・69・90・125・141・172・188・196）

13　読解リテラシー（読解力）　PISA の調査項目の一つ。2018 年調査の定義では，①情報を探し出す。②理解する。③評価し，熟考する。という一連の能力を測定する。

16　教育課程基準〈☑opetussuunnitelman perusteet，略称 OPS〉　日本の学習指導要領にあたるもの。2014 年版（2016 年施行）が最新。（54・60・64・98）

35　汎用的な資質・能力〈☑laaja-alainen osaaminen〉　学校教育の全ての教育活動を通して身につけていく力。（59・61・92・93・148・166・167・200）

35　評価面談〈☑arviointikeskustelu〉　教師と児童生徒（と保護者）による話し合い。（68・119・198）

44　21 世紀を展望した我が国の教育の在り方について　1996（平成 8）年 7 月の中央教育審議会 第一次答申。［生きる力］を初めて規定した。（184・191）

44　DeSeCo〈Definition and Selection of Competencies〉　キー・コンピテンシーを定位した OECD のプロジェクト。2013 年に終了。（188）

45　IOT〈Internet of Things〉　あらゆるモノがインターネットでつながり，コントロールできるという概念。（160・172・182）

45　CBT〈Computer Based Testing〉　全てのテストをコンピュータ上で行うこと。（66・141・145）

59　ラーニング・トゥ・ラーン〈learning to learn，☑oppimaan oppiminen〉　「未知の課題に取り組む能力と意欲」「新たな状況に対応する能力と意欲」「適応性があり，自律的な学び」と定義される。（92）

60　TIMSS〈Trends in International Mathematics and Science Study〉　IEA（国際教育到達度評価学会）が進めている国際数学・理科教育動向調査（196）

●掲載図表一覧（ページ順）

あとがき

　フィンランドの教育が注目を集めたのは，2000（平成 12）年の OECD の PISA で優秀な成績を収めていたからである。以後，フィンランドの教育は，世界の注目を集めるようになり，さまざまに紹介されるようにもなった。そして，日本からの多くの教育視察がフィンランドを訪れるようになった。

　しかし，フィンランドの教育について語るとき，それがフィンランドの一部をみてのものであったり，英語訳をしたフィンランドの文献からフィンランドの教育を語る場合もあったりする。そこでは，正確性を欠くものや内容の取りちがえ，十分な紹介にはなっていないものも，ないとはいえない。

　私たちは，本書を執筆するにあたり，2016・2017・2018 年度の 3 年間にわたり，ヘルシンキ周辺の小学校，中学校，高等学校，ヘルシンキ大学，教育課程基準を作成しているフィンランド教育庁を訪れた。教育実践と教育理論，行政の立場，それぞれを見学し，交流した。インタビューを通して，フィンランドの教育改革の「内実と実像」を明らかにしようと試みた。

　今のフィンランドの教育改革は，2016（平成 28）年に始まり，その方向は，日本の教育改革の方向性ともかなり似ており，日本よりその内容は 2 年先行して行われている。そこでの成果は，日本の学校教育のこれからの方向を試行しているともいえるため，フィンランドの教育は，今後の日本の学校教育の指針となりうると考えた。

　さらに，「各教科目と汎用的な資質・能力」（図 10，p.149）として示されている 7 つの汎用的な資質・能力は，教科等を横断した教科の内容の具体ではなく，学校教育の内容の総体として，そこから「じわーっとしみ込む」資質・能力の内容となっている。日本の学校教育に

おいても，このような資質・能力の育成が，次代の子どもたちの資質・能力として重要となる。

　大学入試に関して，また，新学習指導要領の実施に向けて，今，日本の教育は，変わろうとしている。

　戦後の日本の教育は，高度成長を促進し，豊かな日本を作り上げた。しかし，その状況は変わろうとしている。これまでの社会システムのままでは，日本そのものが立ち行かなくなってきている状況が出現しつつある。

　教育は未来を創る。それゆえ，これまで優れているとされてきた日本の教育を再構築しなければ，これからの世界の中で立ち行かない状況にもなっている。その一つの現れとして PISA2018 の読解リテラシーの結果がある。そこでは，日本の学校教育の現状が，ある意味明らかになったともいえよう。

　PC の使用状況とともに自由記述形式の問題では，これまでと同様，根拠を示しながら自分の考えを説明することに課題がみられた。また，子どもたちの読書量の減少に伴って語彙も減り，自分の言葉で文章を書くことに苦手意識が認められた。

　学校の授業では，まとまった分量の文章を書く機会が少なく，中学校や高等学校では，ノートへの記述ではなく，ワークシートの空欄に語句や短文を記入する活動が多いのも実情である。そこには，知識偏重の暗記型入試がいまだに多いことも影響している。それゆえ，これまでよしとして行ってきた教育からのパラダイムシフトが，今，求められている。

　状況を変えるためには手間と時間がかかる。子どもたちが「正解は一つではない」「人と考えが違っていい」と思えるような学習環境を整え，ふだんから書く活動に力を入れていかなければ読解リテラシーの向上を図ることはできない。

　2020（令和2）年度から小学校・中学校・高等学校で順次実施される新学習指導要領は，こうした課題を意識し，実社会・実生活に即した思考力・判断力・表現力の育成を重視している。

PISA で示されている資質・能力の育成は，世界の潮流であり，日本の学校教育においても，一層の育成を図ることが重要となる。

　教育は時代状況の中に存在する。未来に生きる子どもたちに，未来に培う教育を行うことは大人の責務である。そのために，フィンランドの教育と日本の教育の歴史を視点として，「明日の教育への道しるべ」を探ることを本書で行った。

　本書の共著者である北川達夫先生は，外務省の職員としてフィンランド大使館に勤務されたご経験もある。フィンランド語に関して非常に堪能であり，また，教育研究者でもある。それゆえ，フィンランドでの教育の実情を的確な訳で，さらに，教育学的観点からも的確かつ正確に翻訳されたフィンランドの教育の内実と実像として，本書で紹介することができた。

　先述したように，これまで，日本においてフィンランドの教育が紹介されるとき，フィンランド語からの直接の翻訳ではなく，一度英語訳にしたものから語られる場合もあり，ニュアンスや内容が翻訳によっては異なることがあった。

　本書では，フィンランドの教育の実態と実情，内実と実像を，今日のフィンランドで行われている姿として伝えるべく，できるかぎりフィンランドの教育の事実に即した記述に心がけた。

　本書の完成にあたっては，株式会社三省堂の五十嵐伸さんに，多大なる尽力を賜りました。

　心より，感謝申しあげます。

　2020 年 1 月

　　　　　　　　　　　　　　　　　　　　　　　高木　展郎

●著者紹介

左：北川達夫　右：髙木展郎
（フィンランド教育庁前にて　2019年3月）

北川達夫（きたがわ・たつお）

星槎大学共生科学部客員教授。

　1966年東京都生まれ。外務省経済局，欧亜局，在フィンランド日本国大使館在勤，在エストニア日本国大使館勤務ののち退官。OECD・PISA読解力調査専門委員，公益財団法人文字・活字文化推進機構調査研究委員，東京芸術文化評議会専門委員，横浜国立大学大学院工学府非常勤講師，日本教育大学院大学学校教育研究科客員教授などを経て，2017年より現職。

　主な著書に『苦手なあの人と対話する技術』（東洋経済新報社，2014），共編著書に『ニッポンには対話がない』（三省堂，2008），『フィンランドの教育』（フォーラム・A，2016年）などがある。

髙木展郎（たかぎ・のぶお）

横浜国立大学名誉教授。

　1950年横浜市生まれ。国公立の中学校・高等学校教諭，福井大学，静岡大学，横浜国立大学を経て，定年退官。文部科学省中央教育審議会教育課程企画特別部会委員，同高等学校部会主査代理，総則・評価特別部会委員などを歴任。現在，中央教育審議会初等中等教育分科会教育課程部会委員。

　主な著書に『変わる学力，変える授業。』（三省堂，2015年），『評価が変わる，授業を変える』（三省堂，2019年），共編著書に『資質・能力を育成する学習評価―カリキュラム・マネジメントを通して―』（東洋館出版社，2020年）などがある。

フィンランド×日本の教育はどこへ向かうのか
明日の教育への道しるべ

2020年4月8日　第1刷発行

著　者　　北川達夫　髙木展郎

発行者　　株式会社 三省堂　代表者 北口克彦

印刷者　　三省堂印刷株式会社

発行所　　株式会社 三省堂
　　　　　〒101-8371 東京都千代田区神田三崎町二丁目22番14号
　　　　　電話 編集 (03) 3230-9411　営業 (03) 3230-9412
　　　　　https://www.sanseido.co.jp/

ⓒKitagawa Tatsuo, Takagi Nobuo 2020　　　　　Printed in Japan
落丁本・乱丁本はお取り替えいたします。
ISBN978-4-385-36586-2　　　　　〈日本の教育はどこへ・208pp.〉